AF308950

# ÉTUDE CRITIQUE

SUR LES LETTRES DE

# MADAME ÉLISABETH

# ÉTUDE CRITIQUE

## SUR LES LETTRES DE

# MADAME ÉLISABETH

PAR

G. DU FRESNE DE BEAUCOURT



(Extrait de la *Revue des questions historiques*.)

PARIS

LIBRAIRIE DE VICTOR PALMÉ, ÉDITEUR

Rue de Grenelle-Saint-Germain, 25

1869

# ÉTUDE CRITIQUE

## SUR LES LETTRES DE

# MADAME ÉLISABETH

*Éloge historique de Madame Élisabeth de France*, suivi de plusieurs lettres de cette princesse, par Antoine FERRAND, ancien magistrat, auteur de *l'Esprit de l'Histoire*. Paris (de l'imprimerie royale), chez V. Desenne, libraire de MONSIEUR, comte d'Artois, 1814, in-8°. — *Éloge historique de Madame Élisabeth de France*, etc., nouvelle édition, enrichie d'un grand nombre de lettres inédites, de notes et de fac-simile. Paris, librairie d'Adrien Le Clere, 1861, in-8°. — *Louis XVI, Marie-Antoinette et Madame Élisabeth*. Lettres et documents inédits, publiés par F. FEUILLET DE CONCHES. Paris, Henri Plon, 1864-1866, 4 vol. in-8° cavalier. — *Correspondance de Madame Élisabeth de France, sœur de Louis XVI*, publiée par F. FEUILLET DE CONCHES, sur les originaux autographes, et précédée d'une lettre de Mgr l'Archevêque de Paris. Paris, Henri Plon, 1868, in-8° cavalier. — *La Vie de Madame Élisabeth, sœur de Louis XVI*, par M. A. DE BEAUCHESNE, ouvrage orné de deux portraits, de fac-simile, d'autographes, et de plans, avec un choix de lettres de Madame Élisabeth, et précédé d'une lettre de Mgr DUPANLOUP, évêque d'Orléans. Paris, Henri Plon, 1869, 2 vol. in-8° cavalier.

Quand parut en 1795 l'*Éloge de Madame Élisabeth*, par M. Ferrand [1], cet écrit, en dehors des citations faites dans le livre, n'était accompagné d'aucune lettre de la princesse. Les premières lettres qui furent livrées au public, parurent en 1802. C'étaient : 1° une lettre à Madame Adélaïde, en date du mois de septembre 1789, publiée, avec des noms supposés, dans l'ouvrage intitulé : *Correspondance secrète de plusieurs grands personnages illustres à la fin du* XVIII° *siècle, ou mémoires importants pour servir à l'histoire du temps* [2]; 2° six lettres (dont celle

[1] *Éloge funèbre de Madame Élisabeth de France*, par M. Ferrand, conseiller au Parlement de Paris. Ratisbonne, imprimé chez Jean-Baptiste Rostermundt, imprimeur de la cour du prince Évêque (mars 1795). Petit in-8° de 134 p.

[2] Londres et Paris, 1802, in-8°. Cet ouvrage est de Roussel jeune.

de septembre 1789, reproduite avec les noms véritables) données par Mme Guénard, dans son *Histoire de Madame Élisabeth de France, sœur de Louis XVI* [1]. Ces lettres ou fragments de lettres, dont certains historiens ont fait usage, mais que n'ont pas reproduits les derniers éditeurs de la correspondance de Madame Élisabeth [2], nous semblent pour la plupart apocryphes.

En ce qui concerne la lettre à Madame Adélaïde, le doute n'est pas possible. Comment admettre qu'à la veille des sanglantes journées d'octobre, Madame Élisabeth ait pris la plume pour envoyer à sa tante, quoi ?..... une dénonciation contre la *grande dame* (la reine) et contre son entourage ! La lettre du 15 mars 1787, où on lit à propos de Marie-Antoinette : « Nos opinions, vous le savez, diffèrent ; elle est Autrichienne, et moi je suis Bourbon, » n'est pas davantage dans les sentiments et dans le style de la princesse. Les appréciations politiques de la lettre du 6 juin 1788, que M. Ferrand cite pourtant, d'après Mme Guénard [3], ne sauraient appartenir à Madame Élisabeth : pour s'en convaincre, il suffit de se reporter aux lettres *authentiques* qu'elle écrivait à cette époque. La lettre du 8 octobre 1789 est empreinte d'un style déclamatoire étr...  r à toutes ses habitudes. Enfin, la seule lecture de la

---

[1] Paris, Lerouge, 1802, 3 vol. in-24, 3e édit. avec figures : 1° Lettre du 15 mars 1787, t. I, 155-150 ; 2° lettre du 16 juin 1788, t. II, p. 37-43 ; 3° lettre du 29 mai 1789, t. II, p. 85-88 ; 4° lettre à madame Adélaïde, t. II, p. 109-112 : 5° lettre du 8 octobre 1789, t. II, p. 146-150 ; 6° lettre du 19 décembre 1792, t. III, p. 91-93 « Des lettres qui m'ont été communiquées, et dont on m'a laissé prendre copie, dit l'auteur (t. I, p. 155), sans me permettre de nommer celles à qui elles ont été adressées, prouvent combien cette princesse avait de pénétration et d'énergie. Je les rapporterai aux différentes époques où elles ont été écrites. »

[2] Il faut faire remarquer, toutefois, que M. Feuillet de Conches observe, dans l'introduction de la *Correspondance de Madame Élisabeth* (p. 19, note), que toutes les lettres de la princesse ne sont pas connues, et qu' « il y aurait donc témérité à s'inscrire en faux contre les lettres produites par Mme Guénard quand le rétablissement de vraies dates pourrait trancher les questions. » M. Feuillet ajoute que « Ferrand adopte ces documents comme exacts, puisqu'il en cite des extraits. » Le témoignage de l'auteur de l'*Éloge historique* ne suffirait pas aux yeux de la critique, et, d'ailleurs, il ne cite qu'*une seule* des lettres données par Mme Guénard. Nous défions qu'on nous montre jamais les originaux *authentiques* de ces lettres, dont M. Feuillet déclare n'avoir nulle part rencontré aucun original. Exprimons ici le regret que M. de Beauchesne, dans son bel et véridique ouvrage, ait fait à deux de ces lettres, celles du 15 mars 1787 et du 6 juin 1788, l'honneur de les citer. (Voir t. I, p. 257 et 272.

[3] *Éloge historique de Madame Élisabeth*, 1re édit., p. 159.

lettre du 19 décembre 1792, signée ÉLISABETH, démontre que jamais cette lettre n'a pu être adressée à Louis XVI.

Pour rencontrer des lettres vraiment authentiques, il faut attendre l'apparition de la seconde édition de l'*Éloge historique* de M. Ferrand, publiée en 1814. Dans cette édition, entièrement remaniée, M. Ferrand a inséré : 1° dix-sept lettres à M^me de Causans et à sa fille Marie, de 1784 à 1786 ; 2° onze lettres à l'abbé de Lubersac, de 1789 à 1792 ; 3° soixante-sept lettres à M^me de Raigecourt. C'est par une heureuse indiscrétion que fut mise au jour la correspondance avec M^me de Raigecourt, qui forme le lot le plus considérable de ce recueil de lettres.

L'effet du livre de M. Ferrand fut considérable : c'était une véritable révélation. Et cette révélation arrivait à son heure, alors que la rentrée des Bourbons venait de s'effectuer au milieu des acclamations populaires, et que le culte des royales victimes de la Révolution devenait un culte national. A quelque point de l'opinion que ce fût, retentit un cri d'admiration mêlée d'étonnement. « Je lis en ce moment, » écrivait le 7 mai 1814 [1] M^me Campan à la reine Hortense, « c'est-à-dire je lis et je relis les lettres de Madame Élisabeth, qui sont à la suite de son éloge par M. Ferrand, auteur de l'*Esprit de l'histoire*. L'éloge est beau, le sujet l'était; mais les lettres sont uniques. Je ne me pardonne pas de l'avoir considérée simplement comme une princesse pieuse, mais comme une jeune personne timide et peu remarquable. Combien je me trompais ! Ses lettres sont pleines de la plus touchante, de la plus sublime résignation; il y en a même de très-belles. Ayez cet ouvrage, madame ; lisez ces lettres ; elles vous feront un bien dont votre belle âme ressentira les effets [2]. »

De nos jours, malgré les tentatives plus ou moins heureuses de certains écrivains [3], les lettres de Madame Elisabeth étaient

---

[1] Le livre venait seulement de paraître, car il est annoncé dans le *Journal de la librairie* du 7 mai 1814, sous le n° 501.

[2] *Correspondance inédite de M^me Campan avec la reine Hortense*, publiée par J.-A.-C. Buchon. Paris, 1835. t. II, p. 143. — Nous avons cité cette lettre dans l'avant-propos de notre *Étude sur Madame Élisabeth d'après sa correspondance*, suivie de lettres inédites et autres documents (Paris, Aubry. 1864, in-8 de 122 pages). Notre citation a été reproduite par M. Feuillet de Conches dans l'introduction à la *Correspondance de Madame Élisabeth*, p. 27.

[3] M. de Barghon Fort-Rion a publié, en 1858, des *Mémoires de madame Élisabeth de France*; M. Alphonse Cordier (de Tours) a donné, en 1859, un volume intitulé : *Madame Élisabeth de France*, qui a eu plusieurs éditions

un peu oubliées, aussi bien que l'*Eloge* à la suite duquel elles avaient paru. Ce fut donc une pensée louable qui fit entreprendre, en 1861, la publication d'une édition nouvelle du livre du comte Ferrand, avec l'adjonction de lettres inédites[1]. Cette seconde édition, sans être, comme nous le verrons, à l'abri de tout reproche, était un vrai service rendu à la mémoire de Madame Élisabeth. Outre dix lettres inédites à M^me de Raigecourt, on y trouvait six lettres à M^me Marie de Causans; deux lettres à M^me de Bombelles, deux à la marquise de Sorans, et une autre lettre inédite, vraisemblablement adressée à M^me de Travanet.

La publication du recueil de M. Feuillet de Conches, intitulé *Louis XVI, Marie-Antoinette et Madame Élisabeth*, commencée en 1864, fit faire un pas nouveau à la biographie de la princesse : outre les lettres à M^me de Raigecourt, revues sur les originaux, l'auteur apportait tout un contingent de documents inédits, composé des lettres adressés à M^me de Bombelles. Au commencement de 1868, M. Feuillet de Conches a réuni en un volume spécial toute la correspondance de Madame Élisabeth, éparse dans les quatre volumes parus de son recueil, ou dans les deux volumes qui restaient à paraître.

Enfin, M. de Beauchesne, qui avait d'abord projeté la publication intégrale des lettres, a donné, à la suite de sa *Vie de Madame Élisabeth*, qui est maintenant entre toutes les mains, un choix de lettres, dont quelques-unes inédites, adressées à la marquise de Montiers et à la marquise de Bombelles.

Après avoir montré l'état de la question et dressé un inventaire sommaire des documents publiés jusqu'à ce jour, il nous faut indiquer le but que nous nous proposons, dans cette étude critique sur les lettres de Madame Élisabeth.

Il n'entre point dans notre plan de dégager de cette correspondance, comme nous l'avons fait en 1863[2] en utilisant la

---

et où se trouve fondue, dans l'ordre chronologique, la correspondance de la princesse ; enfin un petit volume a paru en 1861, sous ce titre : *Madame Élisabeth et son temps*. Nous avons apprécié ces divers ouvrages dans notre *Étude sur Madame Élisabeth* (p. 5-8).

[1] *Éloge historique de madame Élisabeth de France*, suivi de plusieurs lettres de cette princesse, par Antoine Ferrand, ancien magistrat, auteur de l'*Esprit de l'Histoire*. Nouv. édit., enrichie d'un grand nombre de lettres inédites, de notes et de fac-simile. Paris, Adrien Le Clere, 1861, in-8° de xxii e 330 pages.

[2] *Revue indépendante* des 15 février, 15 mars et 1^er avril 1863. Reproduit

partie alors publiée, les enseignements qu'elle peut offrir pour
la biographie de la princesse et l'appréciation de son caractère.
Ce que nous nous proposons uniquement ici, c'est de nous livrer
à un sérieux examen des textes, de les comparer entre eux,
de faire ressortir les transformations qu'ils peuvent avoir subies,
de constater enfin ce qui est acquis désormais à l'histoire et
ce qu'on peut attendre d'investigations nouvelles. Cette étude,
pour aride et toute technique qu'elle soit, ne sera pas, je l'espère, complétement dénuée d'intérêt, à cause des rapproche-
ments et des citations auxquels elle donnera lieu.

## I.

Quand le comte Ferrand, ancien conseiller au Parlement de
Paris, auteur de l'*Esprit de l'Histoire*, futur directeur des postes,
ministre d'État et pair de France, publia la correspondance qui
fait suite à son *Éloge historique*, la plupart des personnes nom-
mées dans les lettres de Madame Élisabeth existaient encore.
En donnant ces lettres, au lendemain du retour des Bourbons,
quand tant de personnes ayant appartenu à l'ancienne cour
étaient là comme les témoins vivants d'un autre âge, on con-
çoit qu'une certaine réserve fût nécessaire et que des retranchements pussent être jugés indispensables. Aussi, dans les
lettres publiées en 1814, on ne trouve généralement, pour les
noms propres, que des initiales ; aussi des points, placés en tête
d'une lettre ou dans le texte même, viennent avertir que des
passages ont été supprimés. Mais, indépendamment de ces con-
sidérations très-sérieuses et très-légitimes, il faut bien dire
que M. Ferrand, mû par des motifs beaucoup moins avouables,
s'est livré à des suppressions purement arbitraires. « Ferrand,
dit M. Feuillet de Conches, tronque, interpole, arrange ou
supprime tout à fait, suivant son humeur[1]. » Ne soyons pas
pourtant trop sévères : l'éditeur de 1814 a traité les lettres
qu'il donnait au public, comme l'avaient fait avant lui la plu-

avec des additions, dans notre *Étude sur Madame Élisabeth d'après sa correspondance.*

[1] *Louis XVI, Marie-Antoinette et Madame Élisabeth*, t. I, 2ᵉ tirage, p. 224,
note.

part de ses devanciers, sans viser à une scrupuleuse exactitude et sans avoir pour le texte un respect assez grand.

Les éditeurs de 1861, en rétablissant les noms supprimés, en comblant les lacunes, en ajoutant des lettres inédites, n'ont pas donné encore — la suite de ce travail le montrera suffisamment — un texte irréprochable. Enfin, nous aurons à nous demander si, en comblant des lacunes qui existaient, en mettant au jour des lettres inédites du plus haut intérêt, M. Feuillet de Conches, lui aussi, n'a pas, sur plus d'un point, donné prise à la critique.

Dans le recueil du comte Ferrand, nous sommes en présence de trois séries de documents : les lettres à l'abbé de Lubersac ; les lettres à Mᵐᵉ de Causans et à Marie de Causans, sa fille ; les lettres à Mᵐᵉ de Raigecourt [1]. Pour la première série, le texte de 1814 est le seul qu'on possède, et tout moyen de contrôle a disparu. Pour les deux autres, les originaux existent encore, et les derniers éditeurs les ont eus entre les mains : il était donc possible d'arriver à une reproduction complètement fidèle et d'une scrupuleuse exactitude.

Signalons d'abord chez M. Ferrand des modifications ou des

[1] Quand M. Ferrand écrivait à Ratisbonne sa première ébauche, il n'avait pas sous les yeux le texte de toutes ces lettres. Mais il avait eu communication des lettres de la princesse à Mᵐᵉ de Bombelles, dont il donna quelques extraits dans son *Eloge*. Chose assez singulière, et qui mérite d'être consignée ici, toutes les citations de ces lettres, faites dans l'édition de 1795, ne se retrouvent pas dans celle de 1814. Voici des passages qui ont disparu : « Notre position actuelle prouve bien que Dieu a des jours de vengeance, et que s'il souffre longtemps le mal, il ne punit pourtant pas avec moins de force quand l'ingratitude des hommes l'a fait monter à son comble » (p. 78 ; ce passage est emprunté à la lettre du 29 janvier 1790 : voir le vol. de M. Feuillet, *Correspondance de madame Elisabeth*, p. 143). — « Si je puis, je ferai mes dévotions le jour de l'Assomption. Louis XIII, qui mit ce jour-là le royaume sous la protection de la Sainte-Vierge, nous a montré à qui nous devions nous adresser dans nos besoins » (p. 79 ; ce passage est emprunté à la lettre du 2 août 1790 : voir le vol. de M. Feuillet, p. 174). — « Le Ciel se laissera toucher par nos prières. Les personnes pieuses de Paris ne cessent de lever leurs mains au ciel ; il ne pourra résister (p. 79). » — Il (M. de Favras) va périr pour avoir voulu enlever le Roi de Paris, à peu près comme il l'a été de Versailles, à l'exception que c'était pour lui rendre la liberté (p. 79). » Voir p. 80 un passage de la lettre du 20 février 1790, qui se trouve dans le vol. de M. Feuillet, p. 148-49, et en note un fragment de celle du 23 février (*id.*, p. 150-51). Voici enfin un passage d'une lettre du 9 mars 1790, qui n'a pas été publiée par M. Feuillet : « Si nous avions un Roi, il récompenserait les services de ses bons serviteurs ; mais tant que nous n'avons pour maître que la partie de la nation qui nous gouverne (p. 81)... »

suppressions sans importance[1], et l'omission de passages ayant un caractère intime[2]. Ce qui est plus grave, c'est qu'il lui arrive parfois de retrancher des passages fort dignes d'attention pour l'appréciation du caractère de la princesse.

[1] Nous donnons ici le relevé comparatif de quelques-uns de ces changements :

| FERRAND, 1re *édition*. | FERRAND, 2e *édition*. |
| --- | --- |
| « Il me tarde de lire la vie de votre mère (p. 296). » | « Je suis bien aise que M. D'Aspect travaille à la vie de votre mère (p. 281). » |
| « Adieu, je t'embrasse (p. 219). » | « Adieu, je t'embrasse de tout mon cœur et t'aime bien (p. 201). » |
| « Ne t'étonne pas de mon rabachage (p. 226). » | « Ne t'étonne pas de mon rabachage. Cette manière d'écrire ne permet pas à la mémoire de se rappeler ce que l'on mande, c'est trop rapide (p. 206). » |
| « Je suis toujours enchantée de . . . . . (p. 226). » | « Je suis toujours enchantée du départ de l'abbé Madier (p. 208). » (L'abbé Madier était le confesseur de Mesdames, auquel la princesse s'adressait également, et qui avait quitté la France avec Mesdames.) |
| « Elles font en ce moment trois jours d'adoration devant le Saint-Sacrement pour la paix de l'Église (p. 242). » | « Elles font en ce moment trois jours d'adoration devant le Saint-Sacrement pour la paix de l'Église. Il faut nécessairement que le ciel se laisse fléchir (p. 223). » |
| « Je voudrais être calme (p 252). » | « Je voudrais être calme ; cela viendra (p. 234). » |
| « Je crois que L..... va revenir : ses malheurs la rappellent ici (p. 252). » | « Je crois que Lastic va revenir ; je n'en suis pas fâchée : ses malheurs la rappellent ici. » |
| Je profite du départ de . . . . . . pour... causer un petit moment avec toi (p. 259). » | « Je profite du départ de. . . . . . pour... causer un petit moment avec toi. Je dis un petit moment ; car, à la vérité, je n'ai pas le temps de t'écrire bien long, et puis je n'ai pas grand chose à te dire (p. 242). » |

Voir encore d'autres suppressions, rétablies dans la deuxième édition, pages 215, 223, 230, 235, 236, 237, 240, 251, 256, 259.

[2] Voir lettre du 17 janvier 1791 (p. 185) : « Je ferai ma commission pour ton beau-frère ; mais je ne crois pas pouvoir réussir, d'abord vu mon peu de crédit, et puis l'enfant est si jeune, qu'on ne voudra pas prendre d'engagement.... » — Lettre du 3 avril 1791 (p. 201) : « Le mari (M. de Bombelles) n'est pas aussi mal qu'elle le croit avec...... et son ami. Il croit avoir le crédit du bon sens ; cela serait bien ......... — Lettre du 4 octobre 1791 (p. 234).

Ainsi, dans une lettre du 29 août 1790, adressée à M^me de Raigecourt, on lisait dans l'édition de 1814 :

« Au reste, si tu veux savoir des nouvelles de ma petite santé, je te dirai que j'ai toujours beaucoup d'engourdissement dans les jambes. Cependant, à en croire les symptômes de cette vilaine maladie, je pourrais imaginer que la guérison approche; mais j'y ai déjà été prise tant de fois que je n'ose pas m'en flatter, et que, de bonne foi, je n'y crois pas........[1]. »

Ici l'éditeur s'arrête. Or, voici la phrase dont ces *huit points* indiquent le retranchement.

« Peut-être même, si j'en avais le courage, je dirais que je ne la désire pas; mais tu sais que je suis faible, et que je n'aime pas à m'exposer aux grandes douleurs. Cet homme qui devait t'écrire a enfin eu sa conversation; mais je n'en sais pas le résultat. Je n'eusse pas osé le mettre à même de me le dire[2]. »

Ailleurs, c'est toute une fin de lettre qui est supprimée; on y remarque ce passage :

« Ne te mets donc pas dans le cas de te priver de la nourriture divine[3]; c'est une vraie tentation qu'il est nécessaire que tu combattes dans sa naissance; si tu lui laissais faire des progrès, tu serais bien malheureuse, et tu offenserais Dieu sans cesse. Mais ne voilà-t-il pas que je fais l'office de Gros-Jean; que veux-tu[4], comme les nouvelles m'ennuient, je me rejette sur les sermons[5]. »

Dans une autre lettre à M^me de Raigecourt, en date du 12 septembre 1791, le passage suivant a été supprimé :

« Je suis encore flottante dans ma manière de voir; il y a tant de car, de si et de mais à dire que je reste incertaine. Il faut voir de près toutes choses, pour juger si elles sont trop éloignées pour

---

« Je suis bien fâchée qu'il (M. de Bombelles) ne soit pas bien avec le jeune homme, car il serait utile dans ce moment, » etc..... *(et la fin de la lettre)*. — Lettre du 18 février 1792 (p. 243 : « Je t'envoie ma procuration et je demanderai à mon frère la sienne; mais, mon cœur, soyez bien tranquille, votre Stanislas doit jouir de tous les bonheurs réservés à une âme aussi pure. Il n'est point nécessaire pour être sauvé d'avoir reçu les cérémonies du baptême......»

[1] 1^re édition, p. 193.

[2] 2^e édition, p. 170. — Il y a dans M. Feuillet : « Je n'ai ni osé ni pu le mettre à même de me le dire. » *Corresp.*, p. 178.

[3] Il faut ajouter : « Par des scrupules qui n'ont pas le sens commun. « Voir *Corresp.*, p. 194 (texte rectifié d'après l'autographe).

[4] Il faut ajouter : « Il faut bien parler. Pour moi, comme tu sais, je suis de ma nature très-bavarde, et comme..... » *Ibid.*

[5] Lettre du 16 octobre 1790, 2^e édit., p. 172.

pouvoir même en rapprocher assez sa pensée [1] pour asseoir ses idées. Tout ceci ne peut s'entendre qu'au physique, le moral est absolument hors de la partie [2]. »

Et dans d'autres lettres :

« A chaque jour, suffit son mal. [J'attends qu'il soit au dernier période pour me désespérer, et, dans ce moment, j'espère bien n'en rien faire] [3]. »

« Si les choses sont menées sagement, je ne crois pas qu'il y ait un vrai danger [4]; [mais, jusqu'à ce moment, je ne vois pas jour à prendre congé de ma chère patrie; cependant je ne réponds pas que cela n'arrive au premier jour. N'en parle à personne au monde] [5]. »

Mais ce sont surtout les passages politiques, les détails sur certains événements qui font l'objet des éliminations de M. Ferrand. La plus grande partie d'une lettre, en date du 2 mars 1791, relatant des troubles dont Paris a été le théâtre, est omise [6]. Nous y relevons les passages suivants :

« Nous avons eu encore beaucoup de bruit [7] depuis que je ne vous ai écrit. Ne croyez pas un mot de ce qui sera dit et écrit de tous les côtés [8]. Tout le monde a eu tort. Les jeunes gens ont fait des étourderies avec la meilleure intention du monde. La garde nationale s'est piquée de ce que l'on pouvait se méfier de son zèle pour garder le Roi, et si la Providence ne s'en était pas mêlée, il serait arrivé de grands malheurs. Mais un très-réel, c'est que les deux côtés sont très-échauffés, et que nécessairement cela répand une aigreur très-fâcheuse en ce moment-ci, parce que cela donne beaucoup de force aux méchants, qui n'ont pas besoin d'en acqué-rir..... Tout est fort tranquille depuis ce moment-là, et je crois que c'est fini, parce que les méchants ont obtenu ce qu'ils voulaient, et que nous autres nous donnons tête baissée dans tous les pièges que l'on nous tend [9]. Je ne puis vous rendre combien cela me met en colère. »

Dans un bon nombre d'autres lettres, on pourrait relever des

---

[1] Lisez : « Assez juste sa pensée. » *Corresp.*, p. 33.
[2] 2ᵉ édit., p. 227.
[3] 2ᵉ édit., p. 175. Les crochets indiquent la suppression.
[4] Notons ici qu'il y a une phrase omise, que nous rétablissons d'après M. Feuillet : « Je ne suis pas décidée sur ce que je ferai. » (*Corresp.*, p. 273.)
[5] 2ᵉ édit., p. 208.
[6] Voir la 2ᵉ édit., p. 191-93.
[7] Il faut lire : « Beaucoup de *train*. » Voir *Correspondance*, p. 244.
[8] Lisez : « De ce que tous les côtés diront et écriront. » *Ibid*,
[9] Il faut lire : « Et que nous autres *bonnes bêtes nous ne voyons pas plus loin que le bout de notre* (*sic*) et donnons tête baissée...... » *Ibid.*, p. 245.

changements ou des suppressions du même genre [1]. Citons
quelques exemples :

« L'archevêque vient de donner une ordonnance superbe, mais
sévère, sur notre position. Dieu veuille qu'elle soit suivie! Un
homme qui la lisait l'autre jour, dit, après l'avoir achevée : « Si je
perdais trois cent mille livres de rente, j'en dirais autant. » Et cet
homme est pourtant ce qu'on appelle un honnête homme [2]. »

« Les marchands renvoient leurs ouvriers, parce qu'ils n'ont plus
d'argent pour les payer. Cela se passe tranquillement ; mais cela
va faire des voleurs de grands chemins. [Heureusement qu'il y a
tant de monde parti, qu'ils ne pourront plus arrêter personne] [3]. »

« Duport, Lameth, Barnave, Dandré, La Fayette, tout cela est
pour la monarchie ; mais je ne sais pas s'ils l'emporteront [4]. »

« M. de Choiseul et les gardes du corps seront jugés ; les autres
resteront en état d'arrestation ; les femmes sortent cette nuit de
l'Abbaye. Adieu, je me porte bien et je suis nécessairement dis-
traite par la vie que je mène. Il y a eu peu de mouvement dans le
peuple, mais beaucoup de frayeur [5]. »

« Tu sais que l'on a été obligé de tirer sur le peuple, il y a cinq
jours. Depuis ce moment, tout est tranquille ; mais on fait sur
l'étranger des histoires de toutes les manières. Pour moi, j'écoute
tout ce que l'on dit et garde mes réflexions pour un autre temps.
On dit que M. de Bouillé a fait arrêter Hemane, à Luxembourg ;
dis-moi, je te prie, ce qui en est : si cela est vrai, rien de plus clair
que ce qui est arrivé [6]. »

« N'allez pas croire que le roi n'a été arrêté que par deux
hommes. Il y en avait plus de trente armés, et le roi n'en avait
avec lui que trois qui ne l'étaient pas, et qui ignoraient ce qu'ils
devaient faire [7]. »

---

[1] Voir, indépendamment de celles que nous citons ici, les lettres du
13 février 1791 : « l'on curé dira la messe de bonne heure, » etc. (p. 188-89);
celle du 3 avril : « Je viens d'apprendre que M. Dandré avait fait une
motion, » etc. (p. 201); du 23 août : « Tu conviendras que c'est me faire des
chimères de malheurs, » etc. (p. 225); du 14 septembre : « La conduite des
Français devient difficile (p. 230); » et d'autres passages (id., et pp. 233,
235, 236, 237).

[2] Lettre du 3 avril 1791, 2e édit., p. 199.

[3] Lettre du 25 mai 1791, 2e édit. p. 210.

[4] Lettre du 14 juillet 1791. 2e édit. p. 219. « S'ils l'emporteraient. » Corresp., p. 308. Dans une lettre du 9 juillet (p. 218) je remarque encore cette
suppression : « Tâche de découvrir si un homme de l'état-major, nommé
Goguelas, est sauvé avec M. de Bouillé ; nous en sommes inquiets. »

[5] Lettre du 14 juillet 1791, 2e édit., p. 220. Partie datée du 15 dans
M. Feuillet, Corresp., p. 903.

[6] Lettre du 23 juillet 1791, 2e édit., p. 221.

[7] Notons tout de suite que le texte porte : « N'allez pas avoir la bêtise de

« Ces gens d'affaires me font peur : ils ont de l'esprit ; mais en affaires cela ne suffit pas. [Les autres, je suis loin de les croire plus fins ; je les crois plus lents, voilà tout. Je ne regarde pas cela comme un défaut, quand il n'y pas d'excès[1].] »

« Le roi de Suède est mort avec beaucoup de courage. Quel dommage qu'il ne fut pas catholique ! Il eut été un vrai héros. Son pays paraît tranquille[2]. »

« Tout ce que je puis dire (à propos de la journée du 20 juin 1792) c'est que celui qui a donné l'ordre (de s'éloigner du roi) a bien fait, et que la conduite des autres est parfaite[3]. »

Terminons par cette citation, extraite d'une lettre du 11 juillet 1792.

« Voilà, mon cœur, toutes nos nouvelles intéressantes ; mais si vous voulez que je vous parle de la pluie et du beau temps, cela sera très facile. Je commencerai par vous dire que je suis de bonne humeur ce soir, parce qu'il fait une telle humidité causée par une douce pluie, qu'il faut bien qu'il fasse frais, et quoiqu'elle m'empêche d'aller me promener, elle me fait grand plaisir, parce qu'elle rafraîchit le temps, et qu'hier et avant-hier, il y avait de quoi mourir de chaud ; mais en voilà assez d'un aussi beau sujet. Adieu, je t'embrasse de tout mon cœur et te demande en grâce de ne plus te tourmenter de n'être pas ici ; tes raisons sont bonnes pour rester : il n'y faut plus penser. Je suis bien étonnée de ce que tu me marques de Turin ; car une personne du pays avait mandé tout le contraire : comment la présence d'un père pourrait-elle ne pas faire d'effet[4] ? »

II.

Nous venons de faire ressortir les lacunes de la première édition du livre de M. Ferrand, et en même temps les avantages de la seconde. Plaçons maintenant l'édition de 1861 en face de sa devancière de 1814.

Tout n'a pas été, en effet, progrès et amélioration dans le travail des nouveaux éditeurs. Nous allons montrer que la liberté qu'ils ont cru devoir prendre avec le texte de l'*Éloge* de

croire. » Nous reviendrons sur ces observations en examinant l'édition de 1861.

[1] Lettre du 30 octobre 1791, 2ᵉ édit., p. 239.
[2] Lettre du 18 avril 1792, 2ᵉ édit., p. 249.
[3] Lettre du 3 juillet 1792. 2ᵉ édit., p. 254.
[4] 2ᵉ édit., p. 257-58.

M. Ferrand, qu'ils n'ont pas toujours reproduit intégralement [1], ils l'ont prise également avec le texte même des lettres de Madame Élisabeth.

Il est d'abord un point sur lequel ils se sont montrés d'une sévérité inflexible : nous voulons parler des saillies qu'on trouve dans cette correspondance, conversation familière avec une amie intime. Une princesse user d'un style aussi peu noble ! Il faut à tout prix adoucir ces aspérités et mettre sous la plume de Madame Élisabeth des expressions plus conformes à son rang. Nous assistons donc à des modifications nombreuses et systématiques : Là où on lisait *savon*, on met *reproche ; commodités*, on met *facilités ; un sabat*, on écrit un *bruit*. Au lieu de *décamper, partir ; de crever, mourir ; de grogné, grondé ; de grognassent, murmurassent :* de « une *drôle* de chose, » « une chose *inconcevable*, » etc. Madame Élisabeth écrit : « Tu sais que je suis bête d'habitude ; » on met : « Tu sais que je suis une personne d'habitude [2] ; » ou bien, si elle écrit : « Je suis plus sèche, plus bête que ceux qui n'ont jamais connu la douceur du joug qui m'est imposé, » on supprime *plus bête* [3]. Si elle emploie quelque part cette énumération à la Sévigné : « Il y a, je crois, environ mille ans que je n'ai eu le plaisir, la jouissance, l'honneur, l'agrément de vous écrire, » on se borne au mot *plaisir*, et on biffe les trois autres [4]. On fait plus : on va jusqu'à changer le sens, comme quand on met : *la persécution*, pour *ta perfection* [5], ou bien on supprime des phrases entières du genre de celle-ci : « De plus, lorsqu'on a une obstruction, il arrive souvent que l'on en souffre [6]. » — « Je suis piquée comme un chien, mademoiselle ; il y a six semaines que je vous ai fait acheter un bref et que j'ai toujours oublié de vous l'envoyer. Le voilà [7]. »

---

[1] Voir notre *Étude sur Madame Élisabeth*, p. 4-5.

[2] Cf. 1re édit., p. 227, et 2e édit. p. 268.

[3] Cf. 1re édit., p. 241, et 2e édit., p. 223.

[4] Cf. p. 256 et 239.

[5] « Je vois d'ici ta perfection étant dans une douleur mortelle de l'acceptation que le roi vient de donner. » Cf. pp. 202 et 182. Il s'agissait de la constitution civile du clergé.

[6] 1re édition, p. 293.

[7] 1re édition, p. 200. — Ailleurs il y avait : « Ce qui a fait un sensible plaisir à ta très-humble servante (p. 214) ; » on met : « Ce qui m'a fait un sensible plaisir (p. 238). »

Mais les nouveaux éditeurs ne se bornent pas à donner à Madame Elisabeth des leçons de convenance et de style. Indépendamment de certaines suppressions arbitraires[1], de fautes commises dans la transcription du texte[2], nous avons à signaler des retranchements d'une grande importance, qui s'appliquent à des passages offrant, soit des appréciations politiques, soit des détails ou des réflexions intimes. Quelques exemples sont encore ici nécessaires.

Madame Elisabeth écrit le 24 octobre 1790 : « J'ai vu.....[3] Il est un peu à la désespérade [4]. » On supprime cette phrase. — Le 3 novembre suivant, elle écrit encore : « Le précédent maître du lieu est plus déraisonnable que jamais. Ses créanciers le persécutent et finiront par faire mourir ses amis de chagrin..... Que veux-tu ! Il faut prier la Providence d'être pour lui et plus sage que lui [5]. » On supprime la première phrase et les mots *et plus sage que lui.* — Dans une lettre du 18 mars 1791, on lit : « Les méchants s'amusent à nos dépens; les bons sont bêtes [6]. » On omet ces derniers mots.

Voici quelques fragments qui ont disparu de la nouvelle édition :

« *Je suis comme vous* dans l'étonnement et l'admiration que votre sœur n'ait pas été enchantée du spectacle[7]. »

« Malgré le désir extrême que j'avais que vous connussiez le mal de dent, je ne puis me réjouir, mon cœur, que vous ayez souffert pendant deux jours. Je voudrais bien vous savoir débarrassée de votre paquet; car il me semble qu'il vous pèse horriblement. Vous aurez une fille : vous avez trop mal au cœur pour que cela soit autrement; cela vous fera de la peine : mais comme vous promettez une heureuse fécondité, ce sera un objet de consolation pour vous[8]. »

---

[1] Cf. en particulier, 1re édit., p. 299, et 2e édit., p. 285.

[2] Voir 1re édit., p, 202, et 2e édit., p. 182.

[3] Cette lacune est comblée par M. Feuillet, *Correspondance*, p. 199 : « J'ai vu l'homme qui est si beau. »

[4] 1re édit., p. 196.

[5] 1re édit,, p. 197.

[6] 1re édit., p. 211-212.

[7] 1re édit., p. 293. Le passage est complété dans Feuillet, *Corresp.*, p. 84.

[8] *Éloge,* p. 213. Le passage suivant, qui termine le paragraphe a également été omis : « Je vous ai écrit comme vous le désirez ; mais vous n'aurez pas ma lettre de sitôt, vous pouvez être sûre que je ferai la commission que vous me donnez ; je voudrais être sûre qu'elle aura d'heureuses suites. »

2

« Je ne suis pas contente de moi. J'aurais dû me piquer de dévotion aujourd'hui, pour au moins réparer tout ce que l'on fait contre
Dieu ; ne voilà-t-il pas qu'au lieu de cela, j'ai été pis qu'une bûche.
Je ne sais pas comment Dieu fera pour me sauver, car je m'y prête
guère [1]. »

Le passage suivant est relatif à la première confession de la
princesse à l'abbé Edgeworth de Firmont. Il n'est point d'ex-
cuse pour une telle suppression.

« Tu penses bien que ta princesse a été embarassée [comme un
chien [2],] d'autant qu'elle a éprouvé toutes les infortunes possibles.
Imagine-toi que Mme N[avarre] l'a fait entrer dans mon cabinet sans
m'avertir. Je n'étais pas dans ma boîte ; nous sommes restés aussi
sots l'un que l'autre à nous regarder, moi ne sachant que dire. Enfin
j'ai été chercher mon copueluchon pour me tirer d'embarras et je
suis revenue me remettre dans mon confessional. Je n'ai pas été
longtemps embarrassée, et je crois que je ne le serai plus [3]. »

Citons enfin un passage qui fait allusion à l'attitude de Pétion
pendant le voyage de Varennes. Nous avons fait remarquer
ailleurs [4] qu'en supprimant ce passage, on a omis de supprimer
dans les notes le renvoi qui y est fait [5].

« Nous allons avoir pour maire M. Pétion : je t'avoue que j'ai été
si ridiculement à mon aise avec lui dans le voyage, que je serais
d'un embarras extrême de ne pas avoir le même ton et de pas lui
dire ce que je pense [6]. »

---

[1] *Éloge*, p. 216.

[2] Ces mots ne se trouvent pas dans le texte de Ferrand. mais dans celui
publié par M. Feuillet. Voir *Corresp.*, p. 252.

[3] *Éloge*, p. 211.

[4] *Étude sur Madame Élisabeth d'après sa correspondance*. p. 106, note.

[5] 2e édition, p. 78, note. « Dans les lettres à Mme de Raigecourt du 16 novembre et du 9 décembre 1791, voyez ce qu'elle dit de la manière dont elle
avait été avec Pétion, pendant le voyage de Varennes. » Le passage de cette
dernière lettre a été seul conservé.

[6] 1re édit., p. 258. Il y a, dans une lettre antérieure, une autre allusion au
voyage de Varennes, qui a également disparu : « Hier encore j'ai beaucoup
ri en me rappelant des anecdotes ridicules de notre voyage (p 240). »
On pourrait encore citer un certain nombre de passages des lettres de
Madame Élisabeth qui ont été omis dans la seconde édition. Ainsi on lit : Lettre
du 23 avril 1791 (p. 220) : « Une petite incommodité me fera passer ces trois
jours-ci dans ma chambre ; n'en prends pas la moindre inquiétude...... »
(Il est vrai que l'édition de 1814 ne donne pas même ici le texte exact, qui est :
« Un peu de dévoiement que j'ai eu hier me fera...... Tu peux juger par ma
lettre que je ne suis pas en mauvais état. » Feuillet, *Corresp.*, p 268.) —
Lettre du 25 mai (p. 22) : « Comment va ta belle-sœur ? Quand est-ce qu'elle
accouche ? Toutes ses filles sont-elles avec elle ? Cela vous gêne-t-il beau-

Il nous reste, pour achever de montrer combien l'édition
de 1861 laisse à désirer et combien peu de confiance elle doit
inspirer, malgré quelques avantages partiels, à signaler l'absence d'une lettre tout entière. Il est difficile de croire, en présence de tant de suppressions systématiques, à une omission
involontaire. En tout cas, voici le texte de cette lettre, qui est
adressée à M^me Marie de Causans [1] :

« Février 1786.

« Je grognais déjà ; il y a plus de huit jours que je n'avais
eu de vos (il faut lire : *des*) nouvelles de Suzy, et si M^me de La....
(Lastic) , ne m'en avait donné, j'aurais été fâchée tout de bon contre
vous, madame, qui prétendez qu'on ne pensera bientôt plus à vous.
[Apprenez que [2]] vous tenez là des propos très-ridicules ; et si vous
vous ne vous taisez, on instruira votre procès, qui sera jugé des
plus sévèrement. A propos de procès, le cardinal est au criminel ;
Dieu sait quand et comment cela finira. En attendant, il ne jouit pas
du beau temps qu'il fait, et c'est ce qui, à sa place, me pénétrerait
de douleur. J'ai bien été me [3] promener à Montreuil tous ces jours-ci,
et j'y ai joui du spectacle [4] d'un agonisant, un nommé Pécher, que
votre sœur connaît. Il [5] est mort en six heures de temps. Je suis
fâchée de sa mort ; c'était un homme intelligent et actif. [Ce spectacle là fait faire de bien bonnes réflexions [6].] Je lui ai vu recevoir le
bon Dieu : je ne crois pas que cela s'efface de longtemps de ma
mémoire. Priez pour que j'en profite.

« Vous sentez que je n'ai pas été peu touchée de l'empressement
que vous avez de [7] remonter toutes les deux dans vos chambres.
Pour moi, j'interromps tout en pareille occasion [pour dire] que

coup pour vos pratiques de dévotion ? » — Lettre du 29 mai (p. 231). « J'espère
à présent que je vous écris, que vos tranchées sont passées, et que vous n'avez
pas souffert en donnant à teter. » — Lettre du 4 juin (p. 233) : « Mais ce dont je
suis enchantée, c'est que sur certain article il est beaucoup plus respectueux. » — Lettre du 30 octobre (p. 256) : « J'admire le courage de ton.......
(frère, dans Feuillet). Je serais loin de sa vertu. » (Il y a d'ailleurs, ici, une
suppression dans le texte même de Ferrand ; Cf. Feuillet, p. 370.) — Lettre du
16 novembre (p. 258) : j'admire la vertu de ton..... (frère). Je serais loin à sa
place d'en avoir le demi-quart *(du demi-quart*, dans Feuillet). » — Lettre du
18 février 1792 (p. 259) : « Tu aurais bien pu te donner la peine de m'écrire par....
(*lui*, son frère, voir Feuillet, p. 389), si tu n'étais pas une vraie paresseuse. »

[1] Feuillet, *Corresp.*, p. 57, où cette lettre est datée par erreur de novembre 1785.

[2] *Id., ibid.*

[3] Ce mot ne se trouve pas dans le texte de M. Feuillet, p. 57.

[4] *De l'agréable spectacle*, dans le texte de M. Feuillet.

[5] Feuillet : *y*.

[6] Feuillet. Omission de Ferrand.

[7] Feuillet : *à*.

vous êtes bien aimables [1]. La conversation eût-elle tous les attraits possibles, rien ne me fait un égal plaisir [2], surtout lorsqu'il n'est plus question ni de coliques ni de mal de côté. Je suis très-aise que vous ayez écrit à D.... (Dassy), et que vous en soyez aussi éprise [3]. Ma santé est bonne. Je vais déjeuner et puis à la chasse [4]. »

Voilà où entraînent la fantaisie et des scrupules exagérés dans la publication des textes. Si la première édition des lettres, donnée en 1814 par le comte Ferrand, est incomplète, la seconde, on le voit, ne l'est pas moins, et ne peut offrir au public les garanties indispensables en pareille matière. Voyons maintenant si M. Feuillet de Conches a mieux observé les règles d'une saine critique, et si le texte qu'il nous offre est irréprochable et vraiment définitif.

## III.

Quand M. Feuillet de Conches commença la publication de son vaste recueil : *Louis XVI, Marie-Antoinette et Madame Élisabeth*, M. d'Hunolstein venait, on se le rappelle, de mettre au jour tout un volume de lettres inédites de Marie-Antoinette [5]. M. Feuillet a reconnu lui-même la précipitation avec laquelle fut composé le premier volume de son recueil [6]. Le second ne

[1] Ferrand avait suspendu la phrase, supprimé *pour dire*, et terminé par un point d'exclamation.

[2] Feuillet : *Ce plaisir.*

[3] Ici Ferrand a jugé à propos de supprimer toute la fin de la lettre. Nous la reproduirons plus loin, en examinant les publications de M. Feuillet de Conches.

[4] Ferrand, 1re édition, p. 292. — Ces deux dernières phrases sont aussi complétement tronquées. Cf. plus loin, p. 24-25.

[5] Les dates ont été données dans la *Revue des questions historiques*, t. II, p. 181-82. Le recueil de M. d'Hunolstein parut du 20 au 25 juin 1864. Le t. I de M. Feuillet de Conches parut vers le 15 août; le t. II fut mis en vente à la fin de septembre.

[6] « Je n'étais pas prêt à livrer mon recueil à la presse quand M. d'Hunolstein publia son volume. J'avais ignoré jusque-là l'existence entre ses mains de tant de lettres de l'infortunée Reine; l'alarme me prit : je dus craindre qu'au moyen de ses propres pièces et de communications étrangères, il ne me fît perdre le fruit de mes efforts et recherches de vingt années,

fut pas imprimé avec moins de rapidité, puisqu'il ne s'écoula
que six semaines entre l'apparition des deux premiers volumes.
Au point de vue qui nous occupe, il résulta de cette prépara-
tion trop hative un sérieux inconvénient : l'absence d'un classement régulier des lettres de Madame Élisabeth. Une première série, composée de vingt-huit lettres à M^{me} de Bombelles, de 1786 à janvier 1791, se déroule chronologiquement
dans le tome I^{er}. Onze lettres à M^{me} de Raigecourt, de juillet 1789
à janvier 1791, ont également trouvé place dans ce volume.
Dans le tome II, la série des lettres à M^{me} de Raigecourt se
poursuit seule jusqu'en octobre 1791 ; puis, dans un supplé-
ment, nous retrouvons dix-huit lettres à M^{me} de Raigecourt, du
1^{er} décembre 1790 au 29 juin 1791, et une lettre au marquis
de Raigecourt.

Dans le tome III, publié au mois d'août 1865, M. Feuillet nous
donne une nouvelle série de lettres à M^{me} de Bombelles, depuis
le mois d'août 1778 jusqu'au 25 août 1791, et deux lettres à
M^{me} de Sorans. Enfin, le tome IV, paru en juillet 1866, nous
offre, avec la suite de cette série de lettres, la continuation de
la correspondance de Madame Élisabeth avec M^{me} de Raigecourt, jusqu'au 26 décembre 1791. Il y a aussi, dans l'appendice
de ce volume, une lettre à M^{me} de Causans, et deux lettres à
M^{me} de Raigecourt, en date des 1^{er} et 13 mai 1791, qui se trouvent égarées ici. — La plupart des lettres adressées à M^{me} de
Bombelles, paraissaient pour la première fois, et c'était là une
source inappréciable pour la biographie de la princesse. Quant
aux lettres à M^{me} de Raigecourt, un petit nombre était inédit,
mais la plupart offraient des textes plus corrects, des leçons
meilleures et plus complètes.

Nous venons de comparer le texte de l'édition de 1861 avec
le texte de l'édition de 1814. Comparons un moment les lettres
publiées par le comte Ferrand ou par ses récents éditeurs aux
lettres du recueil de M. Feuillet de Conches, et en montrant
le contingent nouveau apporté par M. Feuillet, nous achève-
rons de faire voir combien les recueils de 1814 et de 1861
laissent à désirer.

je me mis sur-le-champ à l'œuvre pour prendre date. En moins de six
semaines, préface, notes, impression du premier volume, tout fut publié. »
T. IV, *introduction*, p. xvi-xvii.

Voici d'abord une lettre inédite du recueil de 1861, adressée à M^{me} de Bombelles, en date du 27 novembre 1779. Nous plaçons les deux textes en regard[1] :

| TEXTE DU RECUEIL DE 1861. | TEXTE DE M. FEUILLET. |
|---|---|
| . . . . . . . . . . . . .<br><br>Vous croyez peut-être que je suis consolée; point du tout; d'autant plus que moi qui déteste les explications, je viens d'en avoir une avec ma tante. La Reine a été ce matin chez elle pour lui demander ce qu'elle avait hier, et elle lui a dit qu'elle était fort mécontente de moi, parce que je ne lui avais pas écrit avant mon inoculation, et qu'elle devait m'en parler. J'y ai donc été ce soir : je suis arrivée chez ma tante Victoire qui m'a parlé avec beaucoup d'amitié, et qui m'a dit que j'avais eu tort de ne leur pas écrire, ce dont je suis convenu, et lui ai demandé pardon. De là j'ai été chez ma tante Adélaïde. | « Vous croyez peut-être que je suis consolée; point du tout; d'autant plus que moi qui déteste les explications, je viens d'en avoir une avec ma tante. La Reine y a été ce matin pour lui demander ce qu'elle avait hier, et elle lui a dit qu'elle était fort mécontente de moi, parce que je ne lui avais pas écrit avant mon inoculation, et qu'elle devait m'en parler. J'y ai donc été ce soir; je suis arrivée chez ma tante Victoire, qui m'a parlé avec beaucoup d'amitié et qui m'a dit que j'avais eu tort de ne leur pas écrire, ce dont je suis convenue, et lui ai demandé pardon. De là j'ai été chez ma tante Adélaïde qui, le plus aigrement possible, m'a dit : « J'ai parlé à la Reine de vous « ce matin. Que dites-vous de votre « conduite depuis qu'il est question « de vous inoculer ? — Comment, « ma tante, lui ai-je dit, qu'est-ce « que j'ai fait? — Vous ne nous avez « pas seulement remercié, » Et elle reprit de ce que nous nous enfermions avec vous, et pendant Choisy et Marly nous n'avons pas entendu parler de vous. Je lui représentai qu'entre ces deux voyages, j'étais venue chez elle et que je l'avais remerciée; qu'en cela je n'avais fait que mon devoir, mais que je l'avais fait. A cette réponse, elle s'est un peu embarrassée, et m'a dit entre ses dents : Ha! une fois en passant, mais je ne leur avais point écrit. Je lui ai dit qu'en cela j'avais eu tort, et que je leur en demandais pardon; |

[1] Ferrand, édit. de 1861, p. 310; Feuillet, *Louis XVI*, etc., t. III, p. 35, et *Correspondance*, p. 46.

Je lui ai dit que j'espérais qu'elle me pardonnerait. Elle m'a répondu qu'elle ne s'était fâchée que par la crainte qu'elle avait eue d'être oubliée de moi, parce qu'elle m'aimait beaucoup. Je lui ai dit que je lui demandais de me conserver toujours son amitié. De là je suis revenue et j'ai dit cela à la Reine, et puis à mon petit ange. Je ne puis celer que je n'ai que la moitié des torts dont je suis convenu. »

que pour la Muette et Meudon, je n'y avais aucune part et point de torts. Elle m'a dit qu'elle ne parlait point de cela, et sur ce, elle a changé de conversation, étant toujours embarrassée. En sortant de chez elle, je lui ai encore dit que j'espérais qu'elle me pardonnerait. Elle m'a répondu que ce n'était que la crainte qu'elle avait eue d'être oubliée de moi qui l'avait fâchée, m'aimant beaucoup, et qu'elle espérait que cela ne serait jamais. Je lui ai dit que je tâcherais de mériter son amitié et que je lui demandais de me conserver toujours la sienne. De là je suis revenue et ai mandé cela à la Reine et puis à mon petit ange. Je ne te puis celer que je n'ai que la moitié des torts dont je suis convenue ; mais il faut mettre la paix dans la maison, et dans ce quartier , il faudrait au moins M. le chat pour l'établir bien solidement. »

Voici une autre lettre inédite, adressée à Mᵐᵉ Marie de Causans, en date du 24 mars 1786. On va voir quel respect du texte avaient eu les premiers éditeurs[1] :

TEXTE DU RECUEIL DE 1861.

« Je vous savais assez aimable, mon cœur, pour espérer avoir des nouvelles aujourd'hui. ou, pour mieux dire, de celles de M. de Raigecourt : j'ai été charmée d'apprendre que ce n'était que la petite vérole volante. Cette maladie n'a aucune espèce de danger et n'a pas les inconvénients de l'autre ; mais ce dont je suis fâchée. c'est de l'inquiétude que cela a donné à votre sœur et des douleurs qu'elle a ressenties ; si elle n'était pas si malheureuse, je serais bien tentée de

TEXTE DE M. FEUILLET.

« Je vous savais assez aimable, mon cœur, pour espérer avoir de vos nouvelles aujourd'hui, ou, pour mieux dire, celles de Mᵐᵉ [2] de Raigecourt ; j'ai été charmée d'apprendre que ce n'était que la petite vérole volante. Cette maladie n'a aucune espèce de danger, et n'a pas non plus les inconvénients de l'autre : de vous défigurer absolument. Mais ce dont je suis fâchée, c'est de l'inquiétude que cela a donné à votre sœur, et des douleurs qu'elle a ressenties, Si elle

---

[1] Ferrand, 2ᵉ édit., p. 281-82, et *Correspondance*, p. 79 à 80. La fin de cette lettre, dont nous ne citons qu'une partie, contient encore des suppressions.

[2] Il faut lire *Monsieur*, comme dans Ferrand.

la gronder. Vous me direz à cela que lorsque l'on est malheureux, on croit que tout va vous accabler, et c'est aussi ce qui me ferme la bouche; mais pour vous, Madame, vous ne l'échapperez pas sur un autre sujet, il est vrai : c'est pour ce pauvre D....., objet continuel de vos plaisanteries. Pourquoi le tracasser sur ses expressions, sur ce que son zèle l'emporte un peu, et sur ce que le pauvre homme est trop rempli de son objet? Mais quel était le vôtre? De savoir ce que votre sœur devait faire · vous le savez; eh bien! laissez-le tranquille. Vous allez, etc,.... »

n'était pas si malheureuse, je serais bien tentée de la gronder : car on doit, pour peu que l'on ait le sens commun, connaître les symptômes de ces maladies qui sont différents. Vous me direz à cela que lorsque l'on est malheureux, on croit que tout va vous accabler, et c'est aussi ce qui me ferme la bouche. Mais pour vous, Madame, vous ne l'échapperez pas, sur un autre sujet, il est vrai : c'est pour ce pauvre Dassy, objet continuel de vos railleries. Pourquoi le tracasser sur ses expressions? sur ce que son zèle l'emporte un peu, qu'il oublie qu'il écrit à des ignorantes, et que le pauvre homme ignore, ce qui est bien pis, qu'il parle à une femme dont l'esprit de critique était porté à un tel point qu'elle se moque même de ce qu'un homme est trop rempli de son objet? Mais quel est le vôtre? De savoir ce que votre sœur devait faire : vous le savez, eh bien! laissez-le tranquille. C'est le seul en qui votre sœur ait vraiment confiance : pour Dieu! ne la lui ôtez pas; car ce serait bien pis. Elle garderait pour le coup ce noyau dont vous menacent Le Monnier et Petit, et qui me paraît de très-mauvaise compagnie. Qu'il tâche de la soulager, voilà ce que je lui demande et avec instance. Le Monnier va très-bien. J'ai donné de mes nouvelles à Raigecourt : c'est pour après-demain. Vous allez, etc..... »

Citons maintenant la fin de cette lettre de février 1786, entièrement supprimée, nous l'avons vu, par les nouveaux éditeurs du comte Ferrand, et que celui-ci n'avait pas donnée intégralement en 1814. Elle est adressée à M^me Marie de Causans, et est publiée pour la première fois par M. Feuillet de Conches dans la *Correspondance de Madame Élisabeth*[1].

« Je suis très-aise que vous ayez écrit à Dassy et que vous en

_______________

[1] Pages 58-59. Cf. ci-dessus, p. 19.

soyez aussi éprise[1] : pour moi je ne me contente pas de l'aimer, c'est une folie; aussi veux-je le consulter pour cet homme qui est mort, parce que je crois qu'il a été mal traité ; mais chut ! il ne faut pas en parler trop haut. Vous êtes bienheureuse de faire vos dévotions le dimanche gras : c'est ce que j'ai toujours désiré et que je ne ferai jamais. Ma petite santé est toujours très-bonne. Depuis que j'ai écrit à votre sœur, je...... comme un jet et m'en porte très-joliment. Je n'en suis pas encore affaiblie. Il me paraît que je puis soutenir ces remèdes. Adieu, petit chat, je vais déjeûner et puis à la chasse en calèche avec Deux-Ponts. Je suis ravie de n'avoir pas l'amour de Fontenilles[2]. Je voudrais vous mander quelques nouvelles pour vous divertir; mais je n'en sais pas du tout, sinon que M^me Blarenberghe accouche dans ce moment, parce qu'elle est tombée hier. Mais le tout sera très-heureux. Je vous embrasse mille fois et vous et votre sœur. »

Citons encore un passage *ascétique*, supprimé dans une autre lettre à M^me Marie de Causans, en date du 1^er mars 1786 :

« Mais j'aime ces dangers. — Eh bien! j'en ferai le sacrifice. Je n'irai point au spectacle, parce que je ne suis point riche, parce que je suis jeune et fille, et qu'il est dangereux pour ces deux états. J'aimerais à être riche : eh bien! je me consolerai de ne l'être pas, en pensant que j'en suis plus rapprochée de l'imitation de Jésus-Christ, notre maître, notre modèle. Mais si je veux être à lui, ne dois-je pas m'y consacrer tout à fait? La vie religieuse me répugne ; mais le monde m'entraîne trop. Il faut rompre totalement. Quelle folie, mon cœur! Quoi! vous voudriez vous forcer à faire une chose à laquelle vous n'êtes point appelée, ni par la voix de Dieu, ni par la volonté d'une mère qui était son interprète en ce monde pour vous! Ses derniers ordres sont absoluments contraires à cette idée ; elle vous charge de votre sœur : pourriez-vous l'élever étant religieuse ? Vous vous craignez ; mais elle vous donne par cet ordre des moyens de confiance, avec quel soin ne faudra-t-il pas veiller sur vous pour veiller sur d'Ampurie, pour lui donner bon exemple ! Vous aurez là un soin qui vous arrêtera suffisamment[3], » etc.....

Voici un autre passage du même genre :

« Peut-on jamais comparer la différence qui se trouve entre pleurer la mort éternelle d'un être qui nous est cher à la privation de ne le plus voir, lorsque l'on peut y ajouter la certitude de son bonheur? Que cette idée vienne adoucir tous vos maux. Ce sera pour vous un sujet de consolation, après avoir beaucoup craint de

---

[1] C'est ici que s'arrête le texte de Ferrand.
[2] M^mes de Deux-Ponts et de Fontenilles étaient dames de la princesse.
[3] *Correspondance*, p. 76.

n'avoir plus à pleurer que pour vous, puisque vous croyez que ces larmes vous sont utiles[1]. »

Le fragment suivant n'aura pas été trouvé assez respectueux à l'égard d'un archevêque :

« Vous êtes tranquille sur le compte de d'Ampurie, parce que vous avez consulté l'archevêque ; je rends hommage à ses vertus avec plaisir ; mais[2] permettez-moi de vous dire que de l'aveu de ceux qui le connaissent le plus, il est impossible d'être moins capable de conduire une âme. Je ne vous en parle pas seulement d'après les autres, mon cœur : c'est d'après ce que j'ai vu. J'ai été dans le cas de connaître un prêtre que l'archevêque avait laissé, prêt à se livrer au plus grand désespoir, qu'il n'imaginait de secourir ni de conseils ni de tout ce qui pouvait contribuer à sa consolation. Cependant, mon cœur, ce n'était là que son strict devoir[3]. »

Ailleurs, on remarque des suppressions du genre de celles-ci :

« J'espère que tu as pu faire tes dévotions pour la Toussaint. Tu as bien raison de dire que ton confesseur pourrait bien ne pas te comprendre. Il faut avoir autant d'esprit que le curé pour t'entendre[4]. »

« Une chose que ceci m'a fait découvrir et qui fait horreur, c'est combien les curés de campagne sont peu instruits[5]. »

« Crois-tu que nos maux finissent cette année[6]? On dit que la R. (reine) s'y oppose. Je te parle franchement : je n'en crois rien. Il est si fort de sa gloire et de son intérêt personnel que les puissances étrangères se montrent, qu'il me paraît impossible qu'elle puisse les arrêter[7]. »

« Dis-moi comment tu es, si tu vois quelques préparatifs, si on organise les émigrants, s'ils sont toujours un peu fous. Comment M. de B [ouillé] a-t-il été vu par mes frères ? Pourquoi est-il à Vienne, Heman est-il chargé de commissions pour la Prusse? La Russie se mêle-t-elle de nos affaires ? Dis-moi tout ce que tu peux savoir sur tout cela ; mais dis-moi ce que tu sais positivement. Le maréchal est-il du conseil de mes frères? Monsieur se fait-il aimer[8]? »

« Vous avez tort, ma chère Rage[9], dans ce qu'on vous a dit de

---

[1] *Correspondance*, p. 390.
[2] Ici commence la suppression. Voyez Ferrand, 2ᵉ édition, p. 290-91.
[3] *Correspondance*, p. 106-107.
[4] *Ibid.*, p. 202.
[5] *Ibid.*, p. 220.
[6] La suppression commence ici.
[7] *Correspondance*, p. 345.
[8] *Correspondance*, p. 346.
[9] Il y avait *Raigecourt* dans Ferrand.

quelqu'un. Je vous assure que [ loin d'être *couci-couça,*] il est tellement abandonné à la chose, que je le trouve exagéré. Ne va pas dire que je t'ai mandé cela. [Quant aux femmes qu'il a avec lui, que voulez-vous ? C'est un mal d'autant plus sans remède qu'il est innocent. Il faut, tout en rendant grâces à Dieu, en gémir][1]. »

Nous pourrions encore citer des lettres presque entières qui ont été omises ou mutilées [2] et une foule de passages arbitrairement retranchés [3]. Mais c'est assez pour faire apprécier l'im-

[1] *Correspondance,* p. 357.

[2] Voir les lettres du 19 novembre 1790 *(Correspondance,* p. 203, et Ferrand, p. 177); du 17 août, p. 1791 *(Corresp.,* 323, et Ferrand, p.223); du 9 décembre 1791 *(Corresp.,* p. 371, et Ferrand, p. 241); du 16 mai 1792 *(Corresp.,* p. 407, et Ferrand, p. 249).

[3] Nous nous bornons à signaler dans cette note les changements ou suppressions que nous avons constatés, en comparant les textes de M. Ferrand à ceux de M. Feuillet de Conches.

I. Lettres a Mᵐᵉ Marie de Causans. Lettre du 28 août 1785 (2ᵉ édit. p. 267); *Corresp.,* p. 55) : « Votre lettre était *sans intérêt.* » — « Votre lettre était *bête.*» — Lettre du 8 décembre 1785 *(Corresp.,*p. 60 ;cf. 1ʳᵉ édit, p. 282, et 2ᵉ édit., p. 267) : « C'est ce qui m'a encouragée à cette insolence » *(phrase supprimée).* —Lettre du 10 décembre 1785 *(Corresp.,* p. 62; cf. 1ʳᵉ édit., p. 283, et 2ᵉ édit., p. 268) : « Dites-moi, si vous en avez le temps, s'il est vrai que votre belle-sœur a été très-aimable, dans cette occasion, pour sa belle-mère et son mari, et qu'enfin, voulant venir à Paris, elle est accouchée en chemin et de quoi..... » *(passage supprimé).* —Lettre du 14 décembre 1785 *(Corresp.,* p. 65 ; cf. 1ʳᵉ édit., p. 286, et 2ᵉ édit., p. 270) : « J'espère que vous ne montrez mes lettres à personne : elles ne sont bonnes que pour vous, qui voulez bien les souffrir *(idem).* »—Lettre du 9 février 1786 *(Corresp.,*p. 73 ; cf. 2ᵉ édit., p. 277) : « Je ne suis pas contente que ses coliques continuent : je voudrais qu'elle n'attendit pas à son retour pour rendre compte de sa santé à Dassy, etc..... » *(Toute la fin de la lettre a été supprimée.)*—Lettre du 1ᵉʳ mars 1786 (cf. 1ʳᵉ édit., p. 293, et *Corresp.,* p. 74) : au lieu de : « Je suis bien contente, » lisez : « Je ne suis pas contente. » — « Je suis comme vous dans l'étonnement et l'admiration que votre sœur n'ait pas été plus enchantée du spectacle *(la suite est omise),* ni de tous autres plaisirs ; mais il ne faut pas que cela vous surprenne dans ce moment : elle n'aurait pas la force d'en profiter. » — Même lettre *(Corresp.,* p. 75 ; cf. 1ʳᵉ édit., p. 294, et 2ᵉ édit., p. 279) : « L'on croit avec raison n'en faire jamais assez pour Dieu, et par conséquent n'avoir jamais la force d'en faire suffisamment. L'action la plus légère devient un crime aux yeux du scrupuleux » *(passage supprimé).* Voir d'autres passages supprimés dans la *Correspondance* publiée par M. Feuillet de Conches, p. 78 : « Ménagez-la bien........ » *(jusqu'à la fin)*; p. 81 : « Je suis ravie de la conversion d'Alexandre..... » *(jusqu'à la fin)*; pp. 84-86 : « Si M. de Villeroy..... » *(jusqu'à la fin du paragr., et plusieurs autres parties de cette lettre)* ; p. 88 : «....... En pensant que votre frère n'est pas destiné, comme il y avait lieu de le croire..... » *(jusqu'à la fin du paragr.),* et : « Je suis bien contente de ce qu'elle n'a plus rien au côté...... » *(idem)*; p. 89 : « Ménagez bien votre dos, je vous en prie, et ne mangez pas de choses trop épaississantes ; » p. 89 : « Vous devez être à Paris, mon cœur...... Il faut que votre frère soit un être bien parfait ; » p. 91 : « Prenez des choses rafraîchissantes et délayantes en même

portance du service rendu par M. Feuillet de Conches. Arrê-
tons-nous maintenant à ses publications et voyons comment il
a procédé en nous livrant ces textes, on peut bien le dire,
« revus, corrigés et considérablement augmentés. »

## IV.

J'ai indiqué déjà dans quelles conditions parurent les deux
premiers volumes du recueil de M. Feuillet de Conches. J'ai
fait remarquer que le classement des lettres de Madame Élisabeth y est défectueux, et qu'il faut les aller chercher dans des
suppléments successifs. Quelles sont les observations que
suggère, en ce qui concerne la correspondance de la princesse,
un examen attentif de son recueil?

Notons d'abord ce que M. Feuillet nous dit de la provenance
des lettres. Après quelques détails sur M^me de Bombelles et sur
celui de ses fils qui devint grand maître de la maison de l'archiduchesse Marie-Louise, veuve de Napoléon, et finalement son
troisième mari, M. Feuillet ajoute : « C'est de lui que, par la
gracieuse entremise de l'ambassadrice de France en Autriche,
M^me la comtesse de Flahault, j'ai obtenu à Vienne communi-

temps; » p. 109 ; « Il est bien peu de couvents où la charité règne assez pour
ne pas connaître ce défaut (vouloir que toutes les religieuses soient parfaites). »
II. LETTRES A M^me DE RAIGECOURT . *Passages supprimés* : Page 193 : « Ce
que je te dis a l'air d'une bêtise; ce n'est pourtant qu'une vérité ; » p. 194 :
« Pas de scrupules qui n'ont pas le sens commun; » p. 194 : « Il faut bien
parler. Pour moi, comme tu sais, je suis de ma nature très-bavarde; » p. 194 :
« Je crois que la médecine......; » p. 195 : « Je deviens trop bête..... Comment
ton ventre se trouve-t-il de ton voyage? » p. 199 : « Quant à l'opinion de tes
parents.....» (conseils de famille); p. 199-200 : « Pour moi, [qui en ai douté
que par bouffées], je me soumets aux ordres de la Providence; [elle me fait
la grâce de ne pas sentir aussi vivement que je le devrais la *position de ce
malheureux*, et je l'en remercie de tout mon cœur]; » p. 200 : «Sais-tu la mort
de la duchesse de Cossé? C'est terrible pour sa belle-sœur; » p. 201 : « Quant
à ton mari, s'il a fait un voyage inutile......, de décider promptement dans ce
qu'il veut; » p. 238 : « Ne me crois ni folle ni gourmande. J'aime à bien
dîner; mais j'aime pourtant encore autre chose; » p. 245 : «Nous autres bonnes
bêtes, nous ne voyons pas plus loin que le bout de notre nez. » — Voir encore,
en comparant avec le texte de Ferrand, pp. 203, 217, 220-21, 228, 236,
239, 245, 246, 247, 252, 253, 257, 259, 260, 262, 265, 266, 273, 275, 283, 284-85,
305, 306, 309, 315, 321, 336, 339-40, 341-42, 349, 358, 359, 364, 365-67, 369-70,
389-90, 393, 411, 413, 422-23.

cation de toutes les lettres autographes de Madame Élisabeth
à son ancienne amie, et que j'ai reçu l'inappréciable présent
de l'une de ces lettres, imprimée dans ce volume [1]. »

Plus loin, en citant une lettre à Mme de Raigecourt, en date
du mois de juillet 1789, M. Feuillet dit en note : « Grâce à la
bienveillance de M. le marquis de Raigecour *(sic)* [2], qui m'a
confié, en 1856, ses papiers de famille, j'ai pu reviser, ligne
à ligne, la publication de Ferrand ; relever les mots, les
phrases, les paragraphes, les lettres entières supprimés ou
altérés par cet éditeur. Il n'y a que deux ou trois lettres données par lui dont les originaux ne se soient pas trouvés
parmi les pièces que m'avait si généreusement communiquées M. de Raigecour [3]. »

Les deux premiers volumes de M. Feuillet de Conches
eurent bientôt un « nouveau tirage, » qui est plutôt une seconde édition, notablement remaniée [4]. Chose singulière ! Dans
son premier tirage, M. Feuillet n'avait tenu nul compte de la
nouvelle édition du livre du comte Ferrand. Après avoir
annoncé [5] qu'il avait « la bonne fortune de reproduire une
longue série de lettres » de Madame Élisabeth, il s'était borné
à relever dans des notes les omissions et les inexactitudes des
textes édités par Ferrand [6], et avait publié plusieurs lettres
adressées à Mme de Raigecourt, celles de juillet 1789, des
19 novembre, 10 et 17 décembre 1790, et du 17 août 1791,
sans s'apercevoir qu'elles avaient déjà été données partielle-
ment en 1861. Dans son second tirage, M. Feuillet a ajouté à
son introduction, qui contient d'ailleurs, en ce qui concerne
Madame Élisabeth, un certain nombre d'additions, la note
suivante : « On ne saurait dire, à la rigueur, que toutes ces
lettres de Madame Elisabeth fussent absolument une découverte de nos jours, puisque celles qui ont été adressées à la
marquise de Raigecourt avaient déjà paru en grande partie dès
l'année 1814, à la suite de l'Eloge historique de la princesse

---

[1] *Louis XVI*, etc., t. I, p. 173.
[2] C'est l'orthographe que M. Feuillet avait adoptée dans son premier tirage.
[3] *Louis XVI*, etc., t. I, p. 207, note.
[4] Ce second tirage fut mis en vente au commencement de mars 1865, pour
le tome I, et à la fin d'avril pour le tome II. Rien, d'ailleurs, ne distingue le
second tirage du premier ; il porte également le millésime de 1864.
[5] T. I, *introd.*, p. xliii.
[6] T. I, p. 206, 339, 353, 357, etc.

par le comte Ferrand. Mais, comme nous aurons occasion d'en donner la preuve, les textes de ces lettres avaient été.tellement altérés dans ce livre, tellement mutilés et interpolés, qu'ils sont pour ainsi dire publiés ici pour la première fois [1]. »

Plus loin, en répétant pourtant encore que telle lettre [2], donnée dans la seconde édition du comte Ferrand, n'avait pas été publiée, il ajoute à la note du premier tirage un passage sur la nouvelle édition, et modifie en ces termes l'expression du blâme si vivement infligé au premier éditeur des lettres : « La plume délicate et distinguée qui s'est faite avec tant de grâce l'interprète de ces deux dames, a beaucoup rectifié le texte des lettres annexées à l'*Éloge*, et elle a reproduit la plupart [3] de celles qui avaient été omises par le premier éditeur. Mais elle a laissé échapper encore quelques omissions, quelques substitutions de mots et de phrases, qui semblent effleurer le naturel, le sans-façon piquant, la franchise et la rondeur gauloise de cet écrivain si vif et si charmant, qui n'est pas auteur. Ce détail à part, la publication est très-bien faite : on voit que l'esprit et le cœur ont passé par là [4]. »

On a vu cependant que les éditeurs de 1861 avaient apporté, dans la reproduction des textes, une réserve et à la fois un sans-façon bien autrement grands et beaucoup moins motivés que l'éditeur de 1814.

Pour les lettres inédites adressées à M^me de Bombelles, voici ce que M. Feuillet de Conches en disait dans son second tirage : « Quant aux lettres plus nombreuses qui sont adressées à la marquise de Bombelles, elles paraissent pour la première fois, *copiées comme les autres avec scrupule sur les originaux*. Lorsque des documents entrent dans l'histoire, je ne crois pas qu'il soit permis de les altérer en quelque façon que ce soit. Négligences, fautes même, tout a sa signification pour qui se donnera la tâche de résumer et de peindre des caractères [5]. »

Quand M. Feuillet écrivait ces lignes, il aurait dû songer qu'il devait au lecteur une explication au sujet des différences

---

[1] T. I, 2e tirage, p. xlvi.
[2] Celle de juillet 1789.
[3] On a vu plus haut qu'il y en a dix.
[4] 2e tirage, t. I, p. 225, note.
[5] 2e tirage, t. I, *introd.*, p. xlvii, note.

notables qu'on peut constater, d'un tirage à l'autre, dans le texte des lettres à M^me de Bombelles. De simples billets de dix lignes se trouvent soudain transformés en lettres de près de deux pages. Où était donc ce « scrupule » avec lequel on avait copié sur les originaux? Et que doit-on penser en présence de changements aussi notables que ceux que nous avons à signaler à nos lecteurs?

Nous plaçons ici en regard les deux textes d'une lettre à M^me de Bombelles [1] :

| PREMIER TIRAGE. | DEUXIÈME TIRAGE. |
|---|---|
| Versailles, le 5 août 1789. | Versailles, le 5 août 1789. |
| | « La joie de vous savoir en bonne santé a été très-grande dans ce monde ci. Les premières nouvelles que nous aurons seront encore mieux reçues, et par dessus tout, les quatrièmes. Dans toutes autres occasions, il serait généreux de partager la joie de la petite baronne; mais dans celle-ci, elle ne peut pas même nous en savoir bon gré. Je vous ai tenu parole, mon enfant, je n'ai pas été fâchée de vous dire adieu; mais je ne sais pas si cela vient de là, mais je me sens d'une humeur de chien. Ne vous en donnez pourtant pas les gants. Oui, je vous le répète, et vous le répéterai et vous le dirai sans cesse : je suis charmée que vous alliez nourrir Henry IV dans un pays où l'air est plus chaud et, par conséquent, plus propre à l'éducation que vous voulez lui donner. Jouissez bien du bonheur de voir la petite; animez-vous l'une l'autre à tout ce qu'il est dans votre âme de chercher, pour fortifier votre moral, qui, étant éloigné d'un lieu qui vous est cher sous mille rapports, doit un peu souffrir. Réjouissez-vous des nouvelles que je vais vous apprendre, si vous ne les savez pas encore. D'abord les ministres sont nommés, et paraissent approuvés par le |

[1] Comparez t. I, 2^e tirage, p. 247, et 1^er tirage, p. 238.

« La nuit de mardi à mercredi, l'assemblée a duré jusqu'à deux heures. La noblesse, avec un enthousiasme digne du cœur français, a renoncé à tous ses droits féodaux et au droit de chasse. La pêche y sera, je crois, comprise. Le clergé a, de même, renoncé aux dîmes, au casuel et à la possibilité d'avoir plusieurs bénéfices. Cet arrêté a été envoyé dans toutes les provinces. J'espère que cela fera finir la brûlure des châteaux. Ils se montent à soixante-dix. C'était à qui ferait le plus de sacrifices : tout le monde était magnétisé. »

public. L'archevêque de Bordeaux a les sceaux ; celui de Vienne, la feuille des bénéfices ; M. de la Tour du Pin-Paulin la guerre, et le maréchal de Beauvau au conseil. Secondement, la nuit de mardi à mercredi, l'assemblée a duré jusqu'à deux heures. La noblesse, avec un enthousiasme digne du cœur français, a renoncé à tous ses droits féodaux et au droit de chasse. La pêche y sera, je crois, comprise. Le clergé a de même renoncé aux dîmes, au casuel et à la possibilité d'avoir plusieurs bénéfices. Cet arrêté a été envoyé dans toutes les provinces. J'espère que cela fera finir la brûlure des châteaux. Ils se montent à soixante-dix. C'était à qui ferait le plus de sacrifices : tout le monde était magnétisé. Il n'y a jamais eu tant de joie et de cris. On doit chanter un *Te Deum* à la chapelle et donner au Roi le titre de Restaurateur de la liberté française. On a aussi parlé d'abolir les engagements perpétuels, et la noblesse a renoncé aux places, pensions, etc. Cet article n'est pourtant pas totalement passé. Je crois, mon cœur, que vous serez assez contente des bonnes nouvelles que je vous apprends. Je n'ose pas me flatter que mes lettres soient toujours aussi intéressantes.

Votre mère que je quitte dans l'instant...... »

(Le reste manque.)

Dans une autre lettre, datée du 15 septembre 1789, toute la partie qui suit manque dans le premier tirage :

« Je ne puis vous dissimuler, Mademoiselle Bombon, que je grognais beaucoup contre vous, contre la pauvre petite, contre vos visites, contre Henry, que sais-je? contre tout l'univers, lorsque j'ai reçu votre épître, qui a calmé toute ma mauvaise humeur en me donnant de bonnes nouvelles de tout ce qui vous intéresse. Vous aurez beau dire, mon cœur, je ne croirai jamais que Henry puisse raisonnablement être le sujet de l'admiration de tout autre personnage que de madame sa mère. Il doit être gros monstre au lieu de petit que je l'avais laissé. Voilà toute la différence que je puis te passer. Je te le demande en grâce, ma chère enfant, n'exagère rien dans l'éducation de ton fils : je vois que tôt ou tard l'on s'en repent. Stani, que tu as laissé si fort, si gros, si bien portant, est maintenant maigre, faible, jaune. Depuis dix semaines il a un dévoiement, et a fini par aller beaucoup de sang. Il va mieux, grâce à de la rhubarbe que Le Monnier lui a fait donner depuis trois jours. Mais je ne suis pas encore rassurée sur son état. Si tu écris à la mère, ne lui en parle pas sur ce ton-là. J'espère voir trop en noir ; mais il m'inquiète vraiment. Elle ne l'est pas autant que moi. Je voudrais bien que ses dents fussent percées, car cela tient au travail et ne durera, j'espère, pas au delà.

« Montreuil et sa maîtresse se portent comme des cœurs. Celle-ci t'écrit du cabinet tout au bout de l'appartement. Les livres sont établis dans les armoires : c'est véritablement un petit bijou. La comtesse d'Artois est arrivée en très-bonne santé à Lyon, reçue à merveille surtout, obligée même de se montrer au peuple, qui a crié : « Vive le roi et madame la comtesse d'Artois ! » Elle a dû passer aujourd'hui le mont Cenis, et demain elle sera avec toute sa famille. Elle est bien heureuse ! Ses enfants la rejoindront bientôt. Son mari sera, je crois, à Turin sous très-peu de jours. Je n'en ai point eu de nouvelles depuis la veille de son départ de Berne [1]. »

Nous pourrions multiplier ces citations. Qu'on compare entre elles les lettres des 2 novembre [2], 24 novembre [3] et 8 décembre 1789 [4] ; 16 février [5], 1er mars [6], 30 mars [7], 27 avril [8], 30 août [9], 6 septembre [10] et 4 octobre 1790 [11], dont la moitié est omise dans le premier tirage ; qu'on remarque en particulier celle du 1er décembre 1789, qui a dix lignes dans le premier tirage et soixante-trois lignes dans le second [12] ; qu'on compare la lettre des 29-31 janvier 1790 du second tirage avec la même lettre, qui en formait deux dans le premier tirage, l'une datée du 29 janvier et l'autre du 5 février, et qui contenait quarante-huit lignes de moins [13].

[1] Comparez t. I, 2e tirage, p. 258-60, et 1er tirage, p. 248-249.
[2] T. I, 1er tirage, p. 276 ; 2e tirage, p. 289.
[3]   —   —   277 ;   —   291.
[4]   —   —   279 ;   —   295.
[5]   —   —   291 ;   —   309.
[6]   —   —   293 ;   —   312.
[7]   —   —   300 ;   —   320
[8]   —   —   306 ;   —   326.
[9]   —   —   344 ;   —   362.
[10]   —   —   349 ;   —   368.
[11]   —   —   352 ;   —   371.
[12]   —   —   278 ;   —   292.
[13]   —   —   284 ;   —   301. — Voir aussi les lettres des 20 février (cf. pp. 293 et 311), 28 novembre 1790 (cf. pp. 376 et 396-97), et 24 janvier 1791 (cf. pp. 441 et 461).

A coup sûr, voilà des suppressions bien peu motivées, et si ce n'était pas à l'éditeur lui-même que l'on doit la réparation de la faute commise, ne pourrait-on pas dire ici que M. Feuillet, lui aussi, « tronque, interpole ou supprime tout à fait suivant son humeur? »

Le second tirage offre aussi avec le premier cette différence, que les pièces y sont généralement accompagnées d'indications de provenance. Ces indications, fort utiles pour les lettres du Roi et de la Reine, ont moins d'importance pour les lettres de Madame Élisabeth, tirées pour la plupart d'archives de famille. Cependant, il est certains cas où elles pourraient avoir leur utilité. Pourquoi faut-il que ce soit justement ceux où elles font absolument défaut? Voici par exemple une lettre à M^me de Bombelles, qui ne figurait pas dans le premier tirage, et que nous trouvons dans le second [1]. Pourquoi ne pas nous dire que cette lettre a paru dans une vente d'autographes en 1847, et que le texte (ou l'extrait?) en est donné d'après la citation qui se trouve dans le catalogue publié alors par l'expert Charavay? Une note sur M^me de Bombelles et sur la provenance des lettres à elle adressées, venant à la suite, on serait tenté de croire que cette lettre est du nombre de « *toutes* les lettres autographes de Madame Élisabeth à son ancienne amie, » dont M. Feuillet de Conches a reçu communication à Vienne du comte de Bombelles : il n'en est rien pourtant.

La lettre du 25 juin 1787 est celle qui fit l'objet de « l'inappréciable présent » de M. de Bombelles. M. Feuillet ne nous le dit pas formellement; mais la note qui accompagne cette lettre le prouve suffisamment [2].

On pourrait croire que la lettre du 15 juillet 1789, également

---

[1] T. I, p. 178.

[2] « J'avais prêté cette lettre et beaucoup d'autres encore, faisant partie de ma collection, à M. de Beauchesne, pour sa touchante *Histoire de Louis XVII*. Il en a donné des *fac-simile* dans ce livre ; mais le lithographe a eu la distraction de n'indiquer, sur aucune des pièces, qu'elles m'appartenaient. Je reprends mon bien où je trouve » (t. I, p. 188, et 2ᵉ tirage, p. 195). Cette lettre n'ayant été donnée qu'en *fac-simile* quand nous publiâmes notre petit volume sur Madame Élisabeth, nous l'y insérâmes, avec l'agrément de M. de Beauchesne, en l'accompagnant de quelques notes. On *reconnaît* son bien où on le trouve : nous constatons donc avec satisfaction que nos recherches n'ont point été ici inutiles à M. Feuillet pour le travail d'annotations auquel il s'est livré, et qu'il a su d'ailleurs y ajouter, avec l'inépuisable richesse d'informations dont il dispose.

adressée à M^me de Bombelles, faisait partie de la collection de Vienne : on se tromperait ; car cette lettre, publiée dans le second tirage sans indication de provenance, n'est autre que celle que nous-même avons donnée pour la première fois, d'après l'autographe appartenant à M. de Limas, grâce à une bienveillante communication faite par l'entremise de M. Gauthier La Chapelle [1].

Notons enfin que nous trouvons dans les deux tirages : 1°, une lettre inédite à M^me de Raigecourt, en date du 25 septembre 1790, donnée sans indication de provenance, et qui porte la signature : ELISABETH-MARIE [2]; 2°, un autre billet inédit, en date du 20 novembre 1790 [3]; 3°, 4° et 5°, trois lettres inédites des 2 juin [4], 8 et 31 août 1791 [5].

En publiant son troisième volume, M. Feuillet de Conches, nous l'avons dit, mettait au jour une nouvelle série de lettres de Madame Élisabeth [6]. Cette série, qui se rapporte à une époque pour laquelle les lettres étaient fort rares, est du plus haut prix, et jette le jour le plus vif sur une période importante de la vie de la princesse. « Ce sont, dit M. Feuillet, toutes lettres adressées à la marquise de Bombelles, et complétant celles que m'avait communiquées le comte de Bombelles en Autriche. Le temps finit toujours par détruire quelques feuilles des groupes de lettres. C'est ce qui déjà était un peu arrivé pour la correspondance de Madame Élisabeth avec la marquise de Raigecourt ; mais la série des lettres à la marquise de Bombelles a été plus disséminée encore, dans une famille si nombreuse, et offrait plus de lacunes. » Les nouvelles lettres, s'élevant à ce qu'il paraît au nombre de quatre-vingt-treize, sont données sur les autographes, communiqués à l'éditeur par le marquis de Castéja, neveu d'une fille de M^me de Bombelles, mariée au vicomte François de Castéja. Ces

---

[1] *Étude sur Madame Élisabeth*, p. 63-64. — La copie qui nous avait été transmise portait la signature : ÉLISABETH-MARIE. M. Feuillet a donné la lettre sans signature.

[2] T. I, p. 351, et 2^e tirage, p. 370.

[3] T. I, p. 369, et 2^e tirage, p. 389.

[4] T. II, p. 500, et 2^e tirage, p. 511.

[5] T. II, pp. 207 et 268, et 2^e tirage, pp. 214 et 281.

[6] On trouve aussi dans le tome III, pp. 23 et 73, deux lettres à M^me de Sorans, données d'après les papiers de M^me la marquise de Perthuis, et qui avaient déjà été publiées dans la seconde édition du comte Ferrand.

lettres, dont la publication s'est continuée dans le tome IV du recueil de M. Feuillet de Conches, ont enfin trouvé place intégralement dans le volume spécial publié en 1868, et qui réunit toute la correspondance de Madame Élisabeth [1]. Arrivons donc à ce recueil.

V.

Si M. Feuillet de Conches nous a donné parfois des textes incomplets, s'il a comblé chemin faisant quelques lacunes, il nous offre ici, du moins, dans une série chronologique non interrompue, des textes que nous devons regarder comme définitifs. Voyons d'abord quelles lettres nouvelles ou inédites ont trouvé place dans ce volume, et examinons dans quelles conditions elles sont publiées.

« Les lettres de Madame Élisabeth de France qu'on va lire, nous dit M. Feuillet de Conches, sont toutes celles qu'on a pu recueillir jusqu'à ce jour..... De même que les notes qui vont suivre, ces lettres édifiantes, qui ont la pureté de reliques, sont tirées, pour la plus grande partie, du livre de *Louis XVI, Marie-Antoinette et Madame Élisabeth*, dont j'ai déjà donné quatre volumes, et dont je prépare les cinquième et sixième, qui seront les derniers. Des additions nouvelles viennent encore enrichir cette suite de lettres de la princesse, et j'en offre aujourd'hui séparément au public le recueil complet [2]. »

« Ces lettres, continue M. Feuillet, sont adressées pour la plupart à des Dames de sa maison : les marquises de Rosières-Soran, de Causans, de Raigecourt et de Bombelles. D'autres le sont à M^me Marie de Causans, comtesse de Mauléon, et à l'abbé de Lubersac, aumônier de M^me Victoire... A l'exception des lettres adressées à cet abbé, dont la famille n'a pas retrouvé les originaux et que j'ai reproduites d'après Ferrand,

---

[1] Les lettres adressées à M^me de Bombelles, insérées dans les tomes III et IV, sont au nombre de 62 ; en y joignant celles qui doivent figurer dans les derniers volumes du recueil, et que nous trouvons dans la *Correspondance*, nous arrivons au chiffre de 74. M. Feuillet comprend donc, dans son chiffre de 93, des lettres déjà publiées dans les tomes I et II de son recueil.

[2] *Introduction*, p. 1.

*toutes ces correspondances* ont été copiées ou collationnées par moi sur les autographes [1]. »

M. Feuillet revient ensuite sur la provenance des autographes. Certaines des lettres à M<sup>me</sup> de Bombelles lui viennent, non pas, comme il l'avait annoncé dans le tome I<sup>er</sup> de son recueil, du comte de Bombelles, mari de l'archiduchesse Marie-Louise, mais de son frère cadet Henri de Bombelles qui, après avoir rempli en Autriche des fonctions diplomatiques, était devenu en 1833 gouverneur des archiducs [2]. Et ce ne sont plus les « lettres autographes [3] » qu'il a vues à Vienne, mais seulement des copies authentiques, « dont quelques-unes, nous dit-il, avaient été un peu tronquées ou dressées peut-être sur des originaux moins développés, *car Madame Élisabeth répétait quelquefois ses lettres, pour les faire passer par des voies diverses.* » « J'ai pu depuis, continue M. Feuillet, en fixer à Paris un texte définitif au moyen des originaux existant aux mains de M. le marquis de Castéja, neveu du vicomte François Biaudos de Castéja, qui épousa M<sup>lle</sup> Caroline de Bombelles le 5 juillet 1819 [4]. »

M. Feuillet a donc pu collationner « sur les originaux autographes » la « presque totalité » des lettres à M<sup>me</sup> de Bombelles. Il a eu en outre communication de trois autres lettres à la même ou à sa belle-sœur, dont les originaux sont entre les mains de M. le marquis de Blosseville, et sur la provenance desquelles nous aurons à revenir.

Pour les lettres à M<sup>me</sup> de Raigecourt, M. Feuillet répète qu'il a pu les collationner à loisir, en 1856, sur les autographes que lui avait confiés M. le marquis de Raigecourt, fils de la dame de la princesse. Mais il constate en même temps que deux ou trois lettres, « que ce dernier a reconnues comme devant avoir été adressées à sa mère, » ont été achetées par lui

---

[1] *Ibid.*, p. 1 et 2.

[2] *Introduction*, p. 15.

[3] « C'est de lui que..... j'ai obtenu, à Vienne, communication de *toutes les lettres autographes* de Madame Élisabeth à son ancienne amie. » T. I, p. 180.

[4] Si c'est là l'explication des différences qu'on peut constater entre les lettres, d'un tirage à l'autre, pourquoi M. Feuillet a-t-il attendu à l'introduction du tome III, pour parler de la communication de M. de Castéja? Dans ce même tome III (p. 35), ne nous donne-t-il pas un texte de la lettre du 27 novembre 1779, bien différent de celui qu'il a donné en 1868 dans son volume de *Correspondance*?

dans une vente après décès à Versailles. Telles sont celles du 25 septembre 1790 et du 31 août 1791 [1]. « Il faut, ajoute M. Feuillet, comme il (M. de Raigecourt), serait tenté de le supposer, que ces pièces aient été données par Mme de Raigecourt elle-même pendant l'émigration, ou bien qu'elles ne lui soient point parvenues dans ces temps de communications difficiles, car le marquis de Raigecourt, jaloux des papiers de sa mère, a toujours tenu à en livrer intact le précieux dépôt à ses enfants, et n'en a jamais distrait aucun pour le donner à personne [2]. »

C'est aussi par l'intermédiaire de M. de Raigecourt que M. Feuillet a eu communication des lettres originales à Mme Marie de Causans, qui sont en la possession de M. le vicomte de Causans, et dont il a pu ainsi rétablir le texte *avec scrupule*. « Quand on fait entrer des documents dans l'histoire, dit-il encore ici, il ne les faut produire qu'en toute exactitude littérale. »

En résumé, le volume de lettres de Madame Élisabeth que nous a donné M. Feuillet de Conches, est ainsi composé :

Cent quatre lettres à la marquise de Bombelles, reproduites d'après les papiers du comte Henri de Bombelles et du marquis de Castéja, et, pour deux seulement, d'après les autographes du marquis de Blosseville (ces deux lettres avaient été publiées dans la seconde édition de M. Ferrand) [3];

Deux lettres à la marquise de Causans et vingt et une lettres à Marie de Causans, comtesse de Mauléon, publiées d'après les autographes appartenant au vicomte de Causans ;

Quatre-vingt-dix lettres à la marquise de Raigecourt, données, sauf deux ou trois, sur les autographes en la possession du marquis de Raigecourt ;

Trois lettres au marquis de Raigecourt, publiées d'après les mêmes autographes ;

Onze lettres à l'abbé de Lubersac, dont le texte ne diffère pas de celui qu'avait donné M. Ferrand en 1814 ;

Une lettre adressée probablement à Mme de Travanet, belle-

---

[1] L'une est la lettre que nous avons signalée comme portant une signature. Voir ci-dessus, p. 35.

[2] *Introduction*, p. 23.

[3] Mais d'une manière très-incomplète pour l'une d'elles. Voir ci-dessus la lettre du 27 novembre 1779, p. 22.

sœur de M^me de Bombelles, publiée d'après l'original en la possession du marquis de Blosseville ;

Deux lettres à la marquise de Sorans, déjà données dans la deuxième édition de Ferrand, d'après les autographes communiqués par M^me la marquise de Perthuis ;

Un billet au baron de Breteuil, déjà publié par nous d'après l'autographe faisant partie du cabinet de M. Boutron-Charlard ;

Une lettre à Monsieur, comte de Provence, communiquée par M. le vicomte de Fontenay ;

Enfin deux lettres au comte d'Artois, communiquées « en original » par le même ;

Notons aussi deux lettres de M^me de Bombelles à M^me de Raigecourt, et une lettre de M^me de Raigecourt à M^me de Bombelles.

La part de l'inédit est en tout ceci peu considérable. Le recueil intitulé *Louis XVI, Marie-Antoinette et Madame Élisabeth*, avait eu la primeur des *révélations ;* en dehors des lettres de dates postérieures à celles publiées jusqu'ici dans ce recueil, et qui sont inédites (douze lettres à M^me de Bombelles ; huit lettres à M^me de Raigecourt de l'année 1792 ; et les deux lettres au comte d'Artois des 19 et 23 février 1792), nous ne rencontrons pour la première fois, indépendamment des additions faites à la correspondance avec M^me Marie de Causans, qu'une lettre du 3 juin 1786, adressée à cette dernière[1].

Quelles observations de détails suggère un examen attentif de cette *Correspondance?*

Il y a d'abord, quant aux dates, quelques erreurs. Ainsi la lettre n° III, adressée à M^me de Bombelles[2], est datée en tête, entre crochets, du 24 novembre 1779. Or elle porte à la fin cette date : « ce 27 novembre 1779. » Aurait-on reproduit la date du 24 d'après la seconde édition de M. Ferrand, où cette lettre a été donnée incomplétement? Notons en passant que les points qui se trouvaient, au commencement de la lettre, dans le texte d'abord publié, et même dans celui qu'avait donné M. Feuillet au tome III de son recueil[3], ont été sup-

---

[1] Il y a bien en janvier 1791 (p. 228-29), une lettre inédite ; mais ce n'est, comme nous l'indiquons plus loin, qu'un fragment de la lettre du 7 janvier.
[2] *Correspondance*, p. 46.
[3] T. III, p. 35.

primés. — La lettre n° VI [1] porte la date du 1er décembre 1783. C'est une erreur typographique; on doit lire : 1785. Il résulte de cette erreur de date que la lettre mentionnant la réception des derniers sacrements par la marquise de Causans, se trouve à deux années d'intervalle de celle du 8 décembre 1785, où la princesse parle de son état désespéré. — Plus loin, sous le n° X [2], nous trouvons une lettre à Mme Marie de Causans avec cette date: [novembre 1785?] La première édition de M. Ferrand, qui seule contient cette lettre, lui donnait la date de février 1786 [3], qui est la bonne, ainsi que M. Feuillet le reconnaît plus loin (p. 73). La partie inédite de la lettre contient, en effet, un passage qui montre qu'elle a été écrite aux approches du dimanche gras; or le dimanche gras tomba en 1786 le 26 février. — Remarquons que M. Feuillet modifie avec raison ( p. 69), une date fautive des précédents éditeurs : la lettre écrite à la nouvelle de la mort de la marquise de Causans avait été datée, dans la première édition de M. Ferrand , de décembre 1785, et dans la seconde du 29 décembre. Or Mme de Causans mourut le 5 janvier : la lettre est donc bien des « premiers jours de janvier 1786. » — Pourquoi la lettre du 29-31 janvier 1790 [4], portait-elle dans le recueil de M. Feuillet, la date du 25 janvier-5 février, et formait-elle deux lettres, comme nous l'avons remarqué ? — La lettre à Mme de Raigecourt en date du 7 janvier 1791, a été par erreur séparée en deux parties, dont l'une, qui est inédite, a été publiée pour la première fois dans ce volume de correspondance, sous le n° CXI [5]. — La date du 11 mai 1791 aurait dû être placée entre crochets, car l'original ne porte pas de date [6]; en revanche, celle du 30 octobre 1791, dont la date est placée entre crochets, est datée dans l'original. Enfin, il aurait fallu indiquer que la lettre du 30 novembre 1791 porte par erreur, dans l'original, la date du 30 octobre.

---

[1] *Corresp.*. p. 50.
[2] *Id.*, p. 57.
[3] Voir p. 292.
[4] *Corresp.*, p. 142 et suiv.
[5] Voir *Corresp.*, p. 223 et 228.
[6] *Corresp.*, p. 272. Cf. Ferrand, 2e édit., p. 207. M. Feuillet avait imprimé au t. II, p. 65, *Dampierre* pour d'*Ampurie*.

Nous pourrions relever çà et là quelques incorrections, comme *sœur* pour *cœur*[1]; *madame* de Raigecourt pour *monsieur*[2]; *ce* pauvre Tilly pour *cette* pauvre Tilly[3]; *Alimé* pour *Stani*[4]; *de Mérinville de Montiers*, pour *des Montiers de Mérinville*[5]; tu *suis* pour tu *mis*[6]; *marquer* pour *manquer*[7] M^me de *Fournes* pour M^me de *Fournès*[8]; *Heiman* pour *Hemane*[9]; *bien* pour *hier*[10]; *ta* pauvre mère pour *la* pauvre mère[11]; la *Providence* pour la *prudence*[12]; *Gonneuil* pour *Choiseuil*[13]; M. *de* Blaremberg pour M. Blaremberg[14]; la *princesse* pour la *vicomtesse*[15], etc. Voici des erreurs plus graves. On lit dans la lettre du 17 janvier 1791 : « A Strasbourg, on dit que le maire et son écharpe ont été bien rossés. » M. Feuillet a omis les mots : *On dit que*[16]. Dans la lettre du 14-15 juillet 1791, on lit : « Il y a eu peu de mouvement dans le peuple, mais beaucoup de frayeur. » M. Feuillet écrit : « Il y a eu *un peu* de mouvement..... » Ailleurs (lettre du 16 octobre 1790) cette phrase : « Ne te mets donc pas dans le cas de te priver de la nourriture divine, » est suivie de cette autre : « Pas de scrupules qui n'ont pas le sens commun. » Il faut lire : « ... de la nourriture divine, *par des* scrupules, » etc.[17]. Dans la lettre

---

[1] *Corresp.*, p, 77.

[2] *Idem*, p, 79.

[3] *Idem*, p. 369.

[4] *Idem*, p. 81.

[5] Dans une note, p. 144. Il y avait dans le t. I, p. 303, du Recueil : *de Merinville-Dumontiers*.

[6] *Idem*, p. 182.

[7] *Idem*, p. 342.

[8] *Idem*, p. 282.

[9] *Idem*, p. 313.

[10] *Idem*, p. 322.

[11] *Idem*, p. 136.

[12] *Idem*, p. 350.

[13] *Idem*, p. 368.

[14] *Idem*, p. 263.

[15] *Idem*, p. 388. — Nous pourrions allonger cette liste.

[16] *Idem*, p. 225. Dans la même lettre : « On se jetait les chaises à la tête, » pour : *des* chaises. Dans la lettre du 24 février 1791, lisez : Je ne puis *pas*, pour : je ne puis; celle-ci, pour : celle-*là*; je t'embrasse *de tout mon cœur*, pour : je t'embrasse. Dans celle du 30 novembre 1791, lisez : *pour* empêcher, au lieu de : *afin* d'empêcher. — Dans celle du 25 mars 1792, transposition de : *mon cœur*, etc. — Dans celle du 8 juillet 1792 : lisez : *bien* rendre, au lieu de : rendre, etc.

[17] Voir p. 194. A la fin de la lettre, M. Feuillet a répété : « Adieu, tu sais que je t'aime de tout mon cœur, » sans s'apercevoir que cet adieu final de la lettre

du 23 avril 1791, au lieu de : « On vous aura sans doute envoye *à* Bruxelles, » il faut lire : « envoyé *de* Bruxelles. » Dans la lettre du 25 mai 1791, se trouve le passage suivant : « Comment va ta belle-sœur? Quand est-ce qu'elle accouche? Toutes ses filles sont-elles avec elle? Vous gêne-t-elle beaucoup pour vos pratiques de dévotion? Est-elle souvent chez vous? » Voici comment ce passage est donné par M. Feuillet, à partir de la troisième phrase : « Vous gênent-elles souvent chez vous? » Toute une ligne a été passée.

Nous pourrions aussi demander à l'éditeur pourquoi, quand une lettre a été déchirée, il n'indique pas cette déchirure [1] ; pourquoi il nous dit (p. 266) que la lettre du 19 avril 1791 porte pour suscription : « Si votre femme est accouchée, lisez ma lettre, » et ne fait pas la même observation pour celle du 23 avril, qui porte, en guise d'adresse : « A votre femme, si elle n'est pas accouchée; » pourquoi il donne l'adresse d'une lettre de mai 1791 : « A Madame [Madame] (M. Feuillet ne répète pas ce mot) la comtesse de Ragecourt *(sic)*, » sans indiquer que cette adresse est d'une main étrangère? Mais arrivons à des observations plus importantes [2].

Voici tout un paragraphe placé en tête de la lettre du 1ᵉʳ mai 1791, qui ne se trouve pas dans le texte publié par M. Feuillet :

« Mon Dieu que votre écriture est donc difficile à lire! Vous faites des fautes continuelles ; cependant j'ai lu l'essentiel. Elle m'a fait grand plaisir; je t'en remercie. Si tu veux, je proposerai au comte d. (d'Artois) de tenir ton enfant; mais, si je ne craignais pas de te faire de la peine, je te dirais que cela n'est pas trop poli pour celui qui devait tenir les deux premiers. Cependant, pour peu que cela te contrarie, ne te gêne pas pour me le dire [3]. »

publiée par Ferrand se trouvait compris dans les additions données par lui d'après l'autographe.

[1] Lettres des 23 juillet, 27 juillet et 30 octobre 1791.

[2] Depuis que ces lignes sont imprimées, M. Eugène Plon nous a communiqué une *Suite aux corrections et additions*, formant deux pages. Ce nouvel *errata* a été dressé d'après les observations adressées à M. Feuillet de Conches par M. le marquis de Raigecourt. Quelques-unes des incorrections et des omissions que nous signalons ici s'y trouvent relevées. Nous constatons le fait, que nous avions bien le droit d'ignorer en rédigeant notre travail, car le moyen de savoir qu'un second *errata* a été ajouté après coup à un ouvrage dont on possède un exemplaire complet, et qui n'est point arrivé à une seconde édition?

[3] Original, avec adresse et cachet, dans les archives du marquis de Raigecourt. Cf. *Correspondance*, p. 270. La lettre se poursuit telle que la publie

La lettre du 13 mai suivant, adressée à M^me de Raigecourt, qui porte dans l'original, avec le n° 21 inscrit à l'angle gauche, cette date : « Ce 13 mai 1791, » a été également publiée d'une façon incomplète. Tout ce passage, qui forme la moitié de la lettre, manque dans le texte de M. Feuillet :

« Je ne t'écris qu'un mot, pour te dire que je suis de plus en plus en colère contre toi, parce qu'il n'est pas permis de tarder aussi longtemps à accoucher. Dieu merci, si vous ne l'êtes pas, vous entrez aujourd'hui dans votre 10. Peut-être que la révolution opère sur vous de cette manière-là. Mais je déraisonne tout à fait. Impose-moi silence, je t'en prie. Tu sauras donc, etc. »

Et à la fin :

« Je t'aime de tout mon cœur, t'embrasse et te quitte, parce que je suis dans mes jours où l'écritoire m'ennuie à voir. Je suis toujours mécontente de mon moral et compagnie [1]. »

Dans la lettre du 19 novembre 1790, il y a une coupure qui a fait disparaître une partie de la troisième et de la quatrième page ; mais M. Feuillet, en s'arrêtant à l'endroit où le texte finit, omet de nous donner le fragment qui se trouve au haut de la quatrième page, et qui est ainsi conçu :

« ..... qui t'intéresse. Je ne suis pas encore décidée pour le choix que je veux faire, mais comme je t'aime trop pour ne te pas parler franchement, je te dirai que je voudrais pour tout au monde contribuer à ton bonheur, en plaçant près de moi un être qui te fut cher, mais dans la position..... » (*la coupure a fait disparaître le reste.*)

A la suite de la lettre du 14 décembre 1791, on lit, sur une feuille détachée, le passage suivant, qui n'a pas été reproduit par M. Feuillet :

« Je reçois dans l'instant ton paquet. Je ferai ce que tu désires. Mande moi, je te le repète, des nouvelles sur l'endroit que tu habites. Une lettre est dans le paquet. »

Il est d'autres omissions que nous avons peine à nous

l'éditeur. Toutefois, à la fin, il faut lire : « ......De faire parvenir ce que l'on voulait *à un endroit.* » Ces derniers mots ont été omis par M. Feuillet. Faisons ici observer que dans la deuxième édition de Ferrand, où l'on avait donné (p. 204) le texte de cette lettre, on avait au moins remplacé par une ligne de points le paragraphe supprimé.

[1] Archives de M. le marquis de Raigecourt. Un tiers de page petit in-8°. Dans Ferrand, il y a : *De suite,* pour *tout de suite,* et *s'il ne vous est rien arrivé,* pour *s'il vous est arrivé rien.*

expliquer. Voici un billet de quelques lignes, en date du 29 août 1791, qui avait cependant été publié dans la deuxième édition du comte Ferrand; pourquoi M. Feuillet ne le donne-t-il pas?

« Un bruit me vient, mon cœur, sur ce qui s'est passé à Trèves. Je suis dans une mortelle inquiétude; écrivez-moi tout de suite, s'il vous est arrivé rien, et si Hélène n'a rien ressenti par contre-coup. Adieu, je t'embrasse de tout mon cœur [1]. »

Voici encore un billet qui se trouve parmi les originaux de M. le marquis de Raigecourt, et que M. Feuillet n'a pas publié :

Ce 31 octobre 1790.

« Je suis charmée de te savoir arrivée en bonne santé. Je n'ai que le temps de te dire un mot, parce qu'il est tard, de te donner des nouvelles de ton mari, qui est arrivé en bonne santé. Je ne conçois pas pourquoi tu n'as pas eu ses lettres. Adieu, je t'écrirai la première poste plus longuement. Je n'ai rien de nouveau à te dire sur ma santé, mais j'ai de grandes raisons pour croire qu'elle ira bien. Je t'embrasse et t'aime de tout mon cœur [2]. »

Enfin M. Feuillet passe sous silence la quatrième page de la lettre du 18 mars 1791 [3]. S'il ne nous disait en note un peu plus loin : « Madame Élisabeth fait allusion à la lettre du 18 mars, laquelle était écrite au citron et était probablement dès ce temps-là presque illisible, » nous ne nous douterions pas de l'existence de cette page et des difficultés de lecture qu'elle présente, difficultés telles que l'éditeur paraît avoir renoncé à la déchiffrer. Nous avons essayé de combler la lacune qu'offre ici le volume de M. Feuillet. Avec le concours obligeant de M. Étienne Charavay, archiviste paléographe et expert en autographes, nous avons pu d'abord en restituer une partie. Puis, comme il restait des difficultés insurmontables, nous avons eu recours à notre savant ami M. Ch. Flandin qui, à l'aide de procédés chimiques employés avec autant de prudence que d'habileté, et armé d'une patience à toute épreuve,

---

[1] Original dans les archives du marquis de Raigecourt. Cf. *Correspondance*, p. 276, et Ferrand, 2ᵉ édition, p. 205, où les textes sont identiques.

[2] Original, trois quarts de pages in-8°, avec adresse : *A Madame la marquise de Raigecourt, à Trèves.* — Le cachet en cire rouge, à devise : *A vous pour toujours.* — A l'angle gauche de la lettre, il y a : Nᵒ 3.

[3] *Corresp.*, p. 251-53.

est arrivé à reconstituer intégralement, sauf une ligne, le précieux fragment[1]. Nous le donnons ici, heureux de pouvoir
apporter notre faible contingent. Le début est relatif à un chiffre
convenu pour la correspondance secrète de la princesse avec
ses deux amies. La première ligne n'a pu être déchiffrée, ayant
été à peu près détruite par le réactif qu'employa Mme de Raigecourt, lors de la réception de la lettre.

« ..... tu peux t'en servir. Il est plus sûr et de plus bien facile à
lire. Si tu veux nous prendrons nos mots dans la dévotion du
Rosaire de *(sic)* que je t'ai envoyée. Les plus grands mots sont les
plus commodes. Copie le et renvoie le à Bombelle par une voie
sûre, ou par la poste si elle ne retourne pas en France. J'aimerais
pourtant mieux que tu en charges une occasion. Je t'envoie la
*Dévotion du Saint-Sacrement* pour elle. C'est de ce livre dont elle se
servira. Tu enverras ma lettre et le chiffre au comte d'Artois, lorsque
tu trouveras une occasion sûre.

« Si tu peux, sans dire que cela vient de moi, faire avertir M. le
Prince que l'on lui donne de faux bruits sur l'Alsace, pour l'enga-
ger à faire une fausse démarche, tu feras très-bien.

« Je suis plus contente de ce pays-ci depuis deux jours ; mais je
ne puis encore te répondre de rien, surtout si on fait une démarche
partielle et soutenue de peu de forces. Il faudrait un accord plus
parfait avec ce pays-ci, ou 100,000 hommes. Sans cela on hâtera la
perte de notre patrie. Mais je crains bien que les gens qui tiennent
ce langage ne passent pour bêtes, démocrates ou poltrons, aux
yeux de ceux qui ne sont point ici pour juger. »

Remarquons que la plupart du temps les lettres de Madame
Élisabeth ne portent pas de signature. Sept seulement, sur
deux cent trente-huit, sont signées dans le volume de
M. Feuillet : une à Mme de Sorans (vers 1778), signée : ÉLISA-
BETH ; une à Mme de Bombelles (premiers jours d'août 1778),
signée ÉLISABETH-MARIE (cette lettre est signée : ÉLISABETH
dans la seconde édition de M. Ferrand) ; une à Mme de Bombelles (27 novembre 1779), signée ÉLISABETH DE FRANCE, *dit
la folle* ; une à Mme de Travanet (sans date, vers 1777),
signée ÉLISABETH[2] ; une à Mme de Bombelles (samedi, 1786 ?),
signée ÉLISABETH-MARIE[3] ; une à Mme de Bombelles (25 juin

---

[1] Je ne sais comment le journal *le Français* a eu connaissance de ce fait,
qu'il a mentionné dans son numéro du mardi 15 juin, en lui donnant, au point
de vue scientifique, une portée qu'il n'a pas.

[2] Ces quatre lettres sont celles qui ouvrent la *Correspondance*, pp. 43-49.

[3] *Corresp.*, p. 87.

1787), signée Élisabeth-Marie [1] ; une enfin à M^me de Raigecourt (25 septembre 1790), signée également Élisabeth-Marie [2].

Comme on le voit, la plupart des lettres signées appartiennent aux années d'enfance de la princesse. Elle avait quatorze ans quand elle signait ces premières lettres du nom d'Élisabeth [5]. Postérieurement à 1787, nous ne trouvons qu'une lettre signée. Et pourtant, un bon nombre de lettres de Madame Élisabeth ont paru dans des ventes publiques ou figurent dans des cabinets d'amateur, et la plupart portent la signature : Élisabeth-Marie. Ceci nous amène à une question fort importante, qui a été soulevée par M. le marquis de Raigecourt, et que nous devons examiner ici avec une scrupuleuse attention.

## VI.

L'*Amateur d'autographes* du 16 avril 1867 contenait la lettre suivante :

« Monsieur le Directeur,

« Je n'ai connaissance que depuis quelques jours d'une intéressante brochure sur Madame Élisabeth, publiée en 1864 par M. du Fresne de Beaucourt.

« A la suite de cet ouvrage (page 45) se trouve la liste de toutes les lettres de Madame Élisabeth qui ont passé dans les ventes. Une note annonce que ces indications sont tirées de votre estimable recueil [4]. Suivant la liste en question, quinze lettres adressées à la marquise de Raigecourt, ma mère, auraient passé par plusieurs ventes successives. Or, à l'exception de trois, sous les n° 5, 22 et 26, toutes ces lettres, c'est-à-dire douze sur quinze, sont en ma possession, et je viens d'en vérifier les dates ainsi que l'exactitude des citations.

---

[1] *Idem*, p. 188.

[2] *Idem*, p. 100.

[3] Il faut remarquer, en effet, que les quatre lettres de 1778 et suivantes sont signées *Elisabeth*; c'est par erreur que M. Feuillet en signe une : *Élisabeth-Marie*. Ce n'est qu'à partir de 1786 ou 87 qu'on trouve la signature *Élisabeth-Marie*, et les documents où elle apparaît n'inspirent pas tous une égale confiance, ainsi qu'on le verra plus loin.

[4] Il y a ici une légère erreur : les indications données dans notre travail nous avaient été fournies en partie par M. Charavay, mais n'avaient point alors paru dans l'*Amateur d'autographes*.

« Je n'ai jamais eu les lettres n°⁵ 5, 22 et 26 [1]. Je ne puis donc rien dire sur leur authenticité ; mais il est certain que plusieurs lettres de la princesse à ma mère ont été, soit soustraites, soit détournées par la poste. Mais ce qu'il m'importe de constater, Monsieur, et c'est le sujet de cette lettre, c'est que pas une *seule ligne* de l'écriture de Madame Élisabeth n'est sortie de mes mains depuis que j'ai hérité de ce précieux dépôt, dépôt que je laisserai intact entre les mains de mon fils, et qu'il transmettra de même à ses enfants.

« Une particularité assez remarquable, c'est que, d'après la brochure, presque tous les autographes sont signés, tandis que moi je ne possède pas *une seule signature* de la princesse !

« C'est au public et surtout aux collectionneurs qu'il appartient de juger s'il est probable que Madame Élisabeth gardât pour son compte des minutes *signées*, et expédiât à ses correspondants des copies sans signature et même sans paraphe !

« Je vous serai fort obligé, Monsieur, de vouloir bien insérer cette lettre, etc.

« LE MARQUIS DE RAIGECOURT [2].»

Des trois lettres que signale M. le marquis de Raigecourt comme n'ayant jamais été en sa possession, l'une parait avoir été adressée, vers 1784, à M^lle de Causans, avant son mariage avec M. de Raigecourt. Elle a trois quarts de page in-12 ; elle est *signée*, et a été portée en 1847 au prix de 45 fr. sous le n° 1028 du *Bulletin d'autographes* de M. J. Charavay. On y donne l'extrait suivant :

« Soyez tranquille, ma chère petite ; le mariage se fera, et je vous posséderai ; nous prierons Dieu ensemble ; nous lirons ensemble vos livres chéris ; nous irons ensemble à Saint-Cyr, et nous tâcherons de nous aider mutuellement à 'aire notre salut.....»

La seconde lettre porte la date du 29 juin 1791. Elle a été publiée en 1814 par M. Ferrand, et se retrouve dans l'édition de 1861. Elle est reproduite par M. Feuillet de Conches dans les deux tirages successifs de son recueil et dans le volume de *Correspondance*. Le texte de cette lettre, qui ne contient que dix lignes, et ne porte pas de signature, est partout identique. L'autographe *signé* qui a paru dans une vente publique en 1862 provenait de la collection de M. Fossé-Darcosse, et a été adjugé moyennant 102 fr.

---

[1] M. de Raigecourt a constaté depuis qu'il s'était trompé ici, et que la lettre du 14 avril 1792, qui figure sous le n° 26, est en sa possession.

[2] M. de Raigecourt a adressé un peu plus tard au *Journal des Débats* une lettre où se retrouve l'exposé des mêmes faits.

Nous n'avons pas à nous arrêter ici à la troisième lettre, qui porte la date du 14 avril 1792, et qui est bien dans les archives de M. de Raigecourt. Nous y reviendrons plus loin.

Comparons maintenant les indications données quant aux autographes qui ont paru dans les ventes publiques, avec les originaux en la possession de M. le marquis de Raigecourt, qui a bien voulu nous mettre à même de faire cet examen. Les lettres qui seraient ainsi *en double autographe* sont au nombre de treize. Nous allons les passer successivement en revue.

I. — Lettre autographe signée, à son amie (M^me de Raigecourt), 22 décembre 1790. Une page pleine petit in-8° (n° 194 de la vente Lalande, 1844, vendu 51 fr., et n° 1030 de la vente Lucas de Montigny, 1860, vendu 146 fr.).

Cette lettre est identique à celle de la même date, adressée à M^me de Raigecourt, publiée en 1814 par M. Ferrand. L'original, qui se trouve dans les archives de M. de Raigecourt, a une page et demie petit in-4°, avec cachet et adresse.

II. — Lettre autographe signée, à M^me de Bombelles, 30 décembre 1790.

Cette lettre donne lieu à plusieurs observations fort dignes de remarque.

Le texte en a été publié dans la première édition de M. Ferrand, avec des points à la fin de la lettre. Dans la seconde édition, on a reproduit la lettre avec les points, mais on a changé les premiers mots : «Je vois d'ici *ta perfection*...,» en ceux-ci : « Je vois d'ici *la persécution*. » M. Feuillet, dans ses reproductions successives, a comblé la lacune, qui portait sur la fin d'un paragraphe relatif au curé de Sainte-Marguerite, ainsi conçu : « Une chose que ceci m'a fait découvrir et qui fait horreur, c'est combien les curés de campagne sont peu instruits. » Puis vient, avant l'adieu final, un paragraphe de huit lignes.

Nous avons, sous la même date du 30 décembre 1790, une lettre autographe signée, qui a paru, comme adressée à M^me de Bombelles, dans trois ventes successives (1855, 1859, 1860), et dont le texte est à peu près identique à la lettre adressée à M^me de Raigecourt. On y lit, en effet, la phrase sur les curés de campagne. Mais, de plus, selon les citations qui ont été données dans les catalogues de vente, on y trouve,

précédé de quelques points, le passage initial qui suit :
« ..... Dieu afflige tous les gens qu'il aime. Je commence à
croire à la fin du monde; il n'y aurait pas grand mal. »

Enfin il existe, dans la collection d'un amateur éclairé,
M. Chambry, une lettre autographe signée, où les mots : *ta
perfection* ont été remplacés par ceux-ci : *la persécution*[1], et
qui, au lieu de la phrase sur l'ignorance des curés de campagne, supprimée dans les deux éditions de Ferrand, contient
celle-ci : « Nous devons reconnaître, mon cœur, que voilà un
saint prêtre. »

L'autographe de M. Chambry a une page pleine petit
in-8°, d'une écriture fine et serrée. Celui des ventes a deux
pages pleines in-8°. L'un et l'autre sont signés. Quant à
l'original non signé de M. de Raigecourt, il a deux pages trois
quarts petit in-8°.

Voilà donc trois exemplaires d'une même lettre, avec quelques variantes de peu d'importance.

III. — Lettre autographe [2], à M^me de Bombelles (?), 17 janvier 1791. Deux pages et demie in-12 (*Bulletin* de Charavay
1855, n° 6550, vendu 70 fr.; *idem*, 1858, n° 9941, vendu
40 francs).

Cette lettre, indiquée comme adressée à M^me de Bombelles,
est identique à celle de même date, adressée à M^me de
Raigecourt, qui a été publiée par M. Ferrand. Seulement le
texte en est conforme, non à la leçon abrégée ou corrigée de
Ferrand, mais à l'autographe que possède M. le marquis de
Raigecourt, deux pages trois quarts petit in-8°, avec adresse et
cachet, et qui n'est pas reproduit par M. Feuillet avec une entière exactitude.

IV. — Lettre autographe signée, à M^me de Raigecourt, 28 janvier 1791. Une page pleine petit in-4° (n° 159, vente Lalande,
1845; vendu 80 fr.) Le texte de cette lettre est semblable à
celui donné par M. Ferrand en 1814. L'original, qui offre deux
très-légères différences, est chez M. de Raigecourt (une page
pleine petit in-4°, avec adresse et cachet).

---

[1] « Je vois d'ici *la persécution*, étant dans une douleur mortelle de l'acceptation que le Roi vient de donner. » Faisons observer ici que cette version
*la persécution* se retrouve dans la seconde édition de M. Ferrand, p. 182.

[2] Indiquée par erreur comme signée dans notre *Étude*, p. 49, et dans le
*Manuel d'autographes* de M. Charavay.

V. — Lettre autographe [1], à M^{me} de Bombelles (?), 24 février 1791. Deux pages pleines in-8° (*Bulletin* Charavay, 1856, n° 7660, 45 fr.; *idem*, 1859, n° 11013, 40 fr.).

Cette lettre doit être un double de l'original de M. de Raigecourt (une page un quart petit in-4°), car elle paraît identique, sauf deux légères variantes, à la lettre de M^{me} de Raigecourt dont le texte, écourté dans l'édition de 1814, complété, mais modifié dans l'édition de 1861, a été publiée à peu près correctement par M. Feuillet.

VI. — Lettre autographe, à M^{me} de Bombelles (?), 2 mars 1791. Six pages in-12. Légères taches de rousseur (n° 528, vente par Charavay, 1858, 60 fr.).

Cette lettre est évidemment celle dont le texte a été écourté par M. Ferrand, dont la teneur plus complète a été donnée par les éditeurs de 1861, et dont certaines lacunes ont été enfin comblées par M. Feuillet. Elle paraît identique à l'original de M. de Raigecourt, qui forme trois pages trois quarts petit in-4°.

VII. — Lettre autographe [2], à son amie..., 18 mars 1791. Deux grandes pages in-4° (n° 325, vente par Laverdet, 1858, 80 fr.). Cette lettre, adressée à M^{me} de Raigecourt, a été donnée par les différents éditeurs, son texte paraît ici conforme à celui de l'original en la possession de M. de Raigecourt, trois pages pleines, petit in-4°.

VIII. — Lettre autographe [3], à M^{me}..., 19 avril 1791. Une page pleine petit in-8 (n° 369, vente par Laverdet, 1856, 21 fr.)

Cette lettre, adressée à M^{me} de Raigecourt, a été donnée par Ferrand avec la date du 17, et par M. Feuillet avec celle du 19 avril. Elle est en original chez M. de Raigecourt (une page pleine petit in-8°).

IX. — Lettre autographe signée (à M^{me} de Raigecourt), 23 juillet 1791 (n° 297, vente Brissot-Thivars, 1854, 80 fr.; n° 56, vente Dubois, 1866, 50 fr.).

Cette lettre a été publiée par les différents éditeurs, avec certaines modifications. L'original de M. de Raigecourt a deux pages un tiers petit in-8°. Le deuxième feuillet est déchiré au

---

[1] Indiquée par erreur comme signée, *Étude*, p. 50, et *Man. d'autographes.*
[2] Indiquée par erreur comme signée, *Étude*, p. 50, et *Man. d'autographes.*
[3] *Idem.*

tiers de la page, de façon à faire disparaître la fin de la lettre,
ce que n'indique pas M. Feuillet, ainsi que nous l'avons fait
remarquer plus haut.

X. — Lettre autographe signée, à son amie, 4 août 1791.
Demi-page in-8° (n° 268, vente par Laverdet, 1856, 36 fr.).

Cette lettre a été donnée par les éditeurs avec certaines modifications. L'original de M. de Raigecourt a deux pages petit
in-8°; il est par conséquent plus développé que l'autographe ci-
dessus, qui paraît semblable à la version donnée par Ferrand
en 1814.

XI. — Lettre autographe, à M^me de Bombelles (?), 4 octobre 1791. Deux pages un tiers in-4°. A paru successivement
quatre fois en vente, à 110 fr. (n° 4266, *Bulletin* de Charavay, 1853); 141 fr. (n° 1094, vente Lajariette, novembre 1860);
76 fr. (n° 123, vente par Charavay, novembre 1861); et 120 fr.
(n° 21721, *Bulletin* de Charavay, 1868).

Cette importante lettre a été publié avec certaines modifications par les différents éditeurs. Nous avons pu comparer
l'original de M. de Raigecourt, qui a deux pages et demie petit
in-4°, avec l'autographe qui a passé dans les ventes, et que
possède présentement M. Etienne Charavay. Bien que la disposition des lignes ne soit pas la même, les deux documents
sont identiques, même pour l'orthographe, et l'on sait quelle
orthographe fantaisiste et bizarre avait Madame Élisabeth. Dans
cette phrase : « Je t'avoue que cette position m'occupe plus
que je ne voudrais, » le mot *ne* est en surcharge dans l'autographe des ventes. On pourrait relever en outre deux variantes de mots sans importance. Le papier de cet autographe
est d'un format plus grand que ne le sont en général les originaux de M. de Raigecourt; le filigrane, très-caractéristique,
ne se retrouve pas non plus dans ces originaux.

XII. — Lettre autographe signée, à M^me de R. (Raigecourt),
14 avril 1792 (n° 163, vente par Charon, février 1844, 101
francs[1]).

Cette lettre a été publiée par M. Ferrand en 1814; elle a
reparu dans l'édition de 1861[2], avec la date du 18, qui est la

---

[1] C'est la 1^re lettre de Madame Élisabeth qui ait paru dans les ventes. —
Une autre lettre, non portée au catalogue, fut vendue 100 fr. dans la même
vacation.

[2] 1^re édit., p. 264; 2^e édit., p. 248.

bonne, et M. Feuillet l'a reproduite à son tour[1]. Dans la seconde édition de M. Ferrand, on a ajouté un paragraphe relatif au roi de Suède[2]. M. Feuillet, à son tour, a fait de légères additions ou modifications[3]. L'original de M. de Raigecourt a trois pages et demie in-8.

XIII. — Lettre autographe[4], à M^me de Bombelles (?), 8 juillet 1792. Une page in-8° (n° 222, vente par Charavay, 1858, 40 fr.).

Cette lettre a été donnée par les différents éditeurs. L'original de M. de Raigecourt a une page un tiers petit in-8°, avec cachet en cire noire et adresse : *A madame de Raigecourt, sur le marché aux poissons, à Luxembourg.* Indépendamment de l'autographe non signé qui a été vendu en 1858 et acquis par M. Ladame, il existe un autre autographe, celui-là portant la signature ÉLISABETH-MARIE, dans la collection de M. Tarbé, à Reims.

À ces treize lettres, il faut ajouter :

XIV. — Une lettre à M^me de Raigecourt, autographe signé, (deux pages pleines in-8°,) en date du 15 juin 1791, conservée au *British-Museum* de Londres (Egerton, 1608, fol. 4), et dont l'original est entre les mains de M. de Raigecourt (deux pages et demie in-8).

XV.— Une lettre à M^me de Raigecourt, en date du 6 avril 1792, dont l'autographe signé se trouve dans la collection de M. le marquis de Flers, et qui n'est autre que la lettre du 25 mars 1792, dont l'original appartient également à M. de Raigecourt (deux pages pleines petit in-4°, avec cachet en cire noire et adresse : *A Madame la marquise de Raigecourt, à Trèves*).

XVI. — Une lettre à M^me de Raigecourt, en date du 6 avril 1792, (demi-page petit in-8°), dont l'autographe signé a été acquis il y a quelques années par Madame la duchesse de Berry, et qui est à peu près semblable à la lettre de la même

---

[1] *Corresp.*, p. 403.

[2] Voir ci-dessus, p. 15.

[3] « Au diable la Fayette! » « Tout cela était bruyant, » pour : « tout cela était fort bruyant. » Le passage sur le roi de Suède est placé après l'*adieu*; il était avant dans la 2° édition de Ferrand.

[4] Nous l'avons indiquée comme signée dans notre *Étude*, p. 52. Vérification faite sur le Catalogue, nous avons reconnu qu'elle est simplement autographe.

date, donnée par les différents éditeurs [1], et dont M. de Raigecourt a l'original (une page pleine petit in-8°).

Voilà donc seize lettres de Madame Élisabeth à M^me de Raigecourt qui existent en original dans les archives du marquis de Raigecourt, d'où elles ne sont jamais sorties, et qui se retrouvent également en original, et parfois avec une signature autographe, dans diverses collections particulières. Comment expliquer un pareil fait ? Madame Élisabeth « répétait-elle quelquefois ses lettres, pour les faire passer par des voies diverses [2] ? » Existe-t-il des « *originaux* plus ou moins *développés* [3] ? » Quel motif plausible peut-on alléguer pour expliquer l'existence de ces doubles autographes ?

Madame Élisabeth, a-t-on dit, « répétait quelquefois ses lettres pour les faire passer par des voies diverses. » Nous avons en effet une lettre fort longue, commencée le 12 septembre et finie le 14 septembre 1791, qui remplit quatre pages in-4°. A la fin de cette lettre, consacrée tout entière à la politique, on lit : « Je t'envoie cette lettre par double, de peur des curiosités de la poste [4]. » Mais si la princesse eût écrit souvent ses lettres en double, nous aurions, dans les archives de M. de Raigecourt, quelques-uns de ces doubles. Or, il n'y en a pas un seul. Et cette lettre du 12-14 septembre, dont un seul exemplaire se trouve chez M. de Raigecourt, n'est point du nombre de celles qui ont passé dans les ventes. C'est donc là un cas isolé, et l'exception confirme la règle.

Quant aux « originaux moins développés, » nous avons bien constaté l'existence d'une ou deux pièces qui se trouvent dans ce cas, et nous avons vu dans le recueil de M. Feuillet quelles transformations avaient subies les lettres adressées à M^me de Bombelles ; mais nous aurions besoin de plus amples informations et de preuves plus formelles pour admettre l'existence d'*originaux* qui ne seraient que les extraits d'autres *originaux*.

Une observation bien digne de remarque, c'est que, de

[1] Ainsi que nous l'avons fait remarquer (*Étude*, p. 113) et que M. Feuillet l'observe à son tour *(Corresp.*, p. 403), cette lettre, écrite le Jeudi saint, devrait porter la date du 5, jour où tomba le Jeudi saint en 1792.

[2] M. Feuillet, *Correspondance*, p. 15.

[3] *Correspondance*, p. 16.

[4] *Correspondance*, p. 337.

toutes les lettres conservées dans les archives du marquis de Raigecourt, pas une ne porte de signature, tendis qu'un grand nombre de celles qui ont paru dans les ventes portent la signature : ÉLISABETH-MARIE. Lors même qu'on admettrait la co-existence de lettres originales d'une même date, comment expliquer la présence de cette signature dans les seuls documents qui ont vu le feu des enchères? N'y a-t-il pas là un sérieux motif de douter de leur authenticité?

Cette signature, elle se retrouve, nous l'avons vu, dans une lettre fort courte, en date du 25 septembre 1790, que M. Feuillet a publiée, sans indication de provenance, dans les deux tirages de son recueil et dans le volume de *Correspondance*, et qu'il donne comme étant adressée à M^me de de Raigecourt. Cette lettre, on l'a vu également, ne se retrouve pas parmi celles que possède le marquis de Raigecourt. Elle ne peut être adressée à sa mère, car il y est question du maréchal de Broglie, alors à Trèves, auquel la princesse chargeait sa correspondante de dire bien des choses de sa part; or M^me de Raigecourt n'était point le 25 septembre à Trèves : elle était en France auprès de Madame Élisabeth, qu'elle ne quitta que dans la première quinzaine d'octobre pour aller s'établir à Trèves [1].

La lettre n'est donc point adressée à M^me de Raigecourt; elle ne peut l'être davantage à M^me de Bombelles, qui était alors à Venise.

Dans une lettre écrite par Madame Élisabeth à M^me de Raigecourt, le 29 août précédent, pendant un court séjour au château de Marseille en Picardie, on lit ce passage : « Comment va l'office ? Es-tu toujours enchantée de l'abbé Duguet? Je le lirai peut-être bientôt. » — A qui donc Madame Élisabeth pouvait-elle écrire ces mots, qui se rattachent d'une façon intime et assez singulière à ce que nous lisons dans la lettre du 25 septembre? « J'ai lu enfin deux volumes de l'abbé Duguet : je ne suis pas surprise que tu en sois enchantée. » Et la princesse ajoute, ce qui n'est guère dans ses habitudes de style : « Cela entraîne et persuade, tant c'est de la belle

---

[1] Voir la lettre du 16 octobre. — Dans une lettre du 4, à M^me de Bombelles, Madame Élisabeth écrit : « Raigecourt, ta mère et moi, nous irons passer la matinée du 6 à Saint-Cyr (p. 189). »

et bonne morale écrite par un homme de talent et convaincu. »
Puis enfin : « Théologie à part, à laquelle je ne comprends
rien, c'étaient de bien saintes gens que tous ces solitaires
de Port-Royal. Quelle vie à côté de la nôtre ! Et nous osons
nous plaindre ! »

Cette lettre est une de celles que M. Feuillet nous dit[1] avoir
achetées à Versailles dans une vente après décès. Un tel document nous paraît bien suspect, et jusqu'à plus ample informé,
nous aurons de la peine à le tenir pour authentique. M. Feuillet
aurait bien dû nous en donner un *fac-simile*, comme il l'a fait
pour la lettre du 31 août 1791 [2], provenant de la même vente,
et qui, elle, ne porte pas de signature.

En vain, pour expliquer l'existence simultanée de lettres du
même jour, offrant un texte identique, prétendrait-on que
Madame Élisabeth envoyait la même lettre en double expédi-
tion à ses deux correspondantes habituelles à l'étranger,
M^mes de Bombelles et de Raigecourt. En y regardant d'un
peu plus près, on a reconnu que l'attribution des catalogues
était fautive. Si, en effet, les lettres qui ont paru dans les
ventes étaient réellement adressées à M^me de Bombelles,
on les retrouverait parmi celles que possède M. le marquis
de Castéja, et qui se rapportent à la même période. Or,
elles n'y figurent point. Il y a plus : nous avons plusieurs
lettres de même date, adressées à M^mes de Bombelles et de
Raigecourt : pas une n'est semblable à l'autre [3]. Quand
le récit des mêmes faits se retrouve sous la plume de la
princesse, c'est avec des variantes qui nous montrent que
jamais elle ne se copiait servilement. Nous n'en donnerons
ici qu'une preuve. Voici comment Madame Élisabeth raconte
un incident qui survint en février 1792 :

A Madame de Bombelles.

Ce 22 février 1792.

«  .  .  .  .  .  .  .  .  .  .  .  .  .  .  .  .  .  .  .  .  .  .  .  .  .
Malgré cela, la Reine et les enfants ont été aux *Événements imprévus*. Au duo : *Ah ! comme j'aime ma maîtresse !* Il y a eu les plus vifs
applaudissements ; et lorsqu'ils disent : *Il faut les rendre heureux,*

---

[1] *Correspondance*, p. 23.
[2] *Louis XVI*, etc., t. II, p. 269 ; 2e tir., p. 281.
[3] Voir *Correspondance*, pp. 258 et 260 (lettres du 28 mars 1791) ; pp. 261 et
262 (lettres du 3 avril 1791) ; pp. 292 et 293 (lettres du 29 juin 1791).

une grande partie de la salle s'est écriée : « Oui, oui !... » Bref, le duo a été répété quatre fois. Au milieu de tout cela, il y a des Jacobins qui ont voulu faire le train ; mais ils ont eu le dessous, à ce que l'on dit. C'est une drôle de nation que la nôtre ; il faut avouer qu'elle a des moments charmants [1]. »

A MADAME DE RAIGECOURT.

Ce 22 février 1792.

« . . . . . . . . . . . . . . . . . . . . . . . . La Reine et ses enfants ont été avant-hier à la comédie. Il y a eu un tapage infernal d'applaudissements. Les Jacobins ont voulu faire le train ; mais ils ont été battus. On a fait répéter quatre fois le duo du valet et de la femme de chambre des *Événements imprévus*, où il est parlé de l'amour qu'ils ont pour leur maître et leur maîtresse ; au moment où ils disent : *Il faut les rendre heureux*, une grande partie de la salle s'est écriée : « Oui ! oui !.. » Conçois-tu notre nation ? Il faut convenir qu'elle a de charmants moments [2]. »

Les lettres qu'on a vues passer dans les ventes, avec l'indication : *à M^me de Bombelles*, et dont le texte est semblable à celui des lettres à M^me de Raigecourt, sont donc bien des doubles de ces lettres. Or, comme les originaux existent dans les archives de M. le marquis de Raigecourt, et que leur authenticité ne saurait être contestée, on est en droit de regarder ces pièces comme suspectes.

Elles ont pourtant un cachet de vérité : c'est bien l'écriture de la princesse ; ce sont bien ses fautes d'orthographe — parfois on lui a même prêté sous ce rapport, comme nous le verrons tout à l'heure ; — c'est bien sa signature. Aussi, les amateurs les ont-ils acceptées sans défiance, et figurent-elles dans les cabinets les plus accrédités. Si l'on en compare le texte avec les originaux authentiques, on relève des variantes singulières, jusqu'à des additions, comme dans la lettre du 30 décembre 1790, et comme dans une lettre du 6 avril 1792, où on lit cette phrase, qui n'est point dans l'original de M. de Raigecourt : « Adieu. Tu es ma consolation dans mes peines. » Et, en *Post-scriptum*, après la signature (il fallait bien une signature !) : « Il y a longtemps que je n'ai de nouvelles de Bombelles. » Cette dernière addition est malheureuse, car elle trouve un

---

[1] *Correspondance*, p. 392.

[2] *Correspondance*, p. 393-94. Cf. les lettres des 16 et 18 juillet 1792, pp. 424 et 425.

démenti dans les lettres à M^me de Bombelles, récemment publiées.

Pour une de ces lettres, celle du 8 juillet 1792, qui fait partie de la collection de M. Tarbé, nous avons pu constater que des ratures, des surcharges qui se trouvent dans l'autographe de cette collection, n'existent pas dans l'original de M. de Raigecourt. Les mots eux-mêmes diffèrent. On y lit : « l'*arche* inébranlable de la Constitution, » comme dans Ferrand, tandis que l'original porte : l'*arbre*; il y a : plus *seur* pour plus *sur*. — Un autographe de la lettre du 15 juin 1791, conservé au *British Museum*, reproduit également le texte de Ferrand, en négligeant certaines phrases qui ne se trouvent que dans l'original, et présente de nombreuses variantes orthographiques : Il a été acheté de M. Geo. Morgan, le 25 janvier 1853 [1]. — Un troisième de ces *doubles autographes,* où se trouve la date du 6 *avril* au lieu de celle du 25 *mars*, diffère aussi de l'original de M. de Raigecourt. On y lit : « l'arrivée de *La*... » pour : « l'arrivée de *Tilly;* » « une *journée* » pour : « une *journée bien heureuse*. » Le texte est encore ici semblable à la première édition de M. Ferrand. Les variantes orthographiques qu'offre cet autographe, faisant partie de la collection de M. le marquis de Fle⸺, avec l'original de M. de Raigecourt, méritent d'être relevées. Dans le prétendu autographe, signé bien entendu, et où l'on a placé la signature avant une sorte de *post-scriptum* qui termine la lettre, on lit : *mesme* au lieu de *même, gatté* pour *gaietés, doutter* pour *douter, relligion* pour *religion, sçait* pour *sait, verrai* pour *verrés, œil* pour *œuil, abbatue* pour *abatue, que je t'ai* pour *que je t'aie*. Ces trois *originaux* ont donc été fabriqués sur le texte de 1814. Une observation analogue peut être faite pour certains *originaux* des ventes publiques : ceux qui ont été vendus en 1844 et 1845 reproduisent servilement le texte de la première édition de Ferrand ; tandis que ceux qui ont été mis en vente en 1855 et années suivantes, nous offrent pour la plupart le texte des lettres authentiques, conservées dans les archives du marquis de Raigecourt.

[1] Nous devons à l'obligeance de M. Joseph Stevenson, archiviste au Record-Office, la communication d'une copie de cet autographe, faite ligne par ligne avec la plus minutieuse exactitude, et accompagnée d'une description de la lettre, laquelle ne porte point d'adresse comme l'original de M. de Raigecourt, mais a été pliée en quatre pour être placée dans une enveloppe.

Signalons enfin une lettre autographe signée, en date du 3 janvier 1790, faisant partie de la collection de M. Gauthier La Chapelle, qui est adressée, non plus à M^me de Raigecourt, mais à M^me de Bombelles, et dont le texte a été publié en 1864 dans notre *Étude sur Madame Élisabeth*. Depuis, M. Feuillet de Conches a donné, d'après l'original en la possession du marquis de Castéja, une version de cette même lettre, beaucoup plus développée, et sans signature. L'autographe de M. Gauthier La Chapelle se compose de trois lignes de la lettre originale, qui en a trente-huit, et d'un *post-scriptum*, ajouté le 5 par la princesse, et qui succède, ici, à ces trois lignes sans interruption et sans alinéa. Là où on lisait : « L'assemblée a décrété hier, » etc., ce qui nous reporte à la date du 2, on lit dans l'original : « L'assemblée a décrété hier *lundi* 4 ; » au lieu de : 1,200 livres, il faut lire : douze mille francs. Les trois dernières lignes de ce *post-scriptum* font défaut.—Est-il possible d'admettre qu'une telle lettre ait pu être écrite deux fois par la princesse dans de telles conditions ?

Il est d'autres lettres qui ont paru dans les ventes, ou qui se trouvent dans des cabinets d'amateurs, sur l'authenticité desquelles il y a aussi les plus sérieux motifs de doute. Indépendamment du défaut de garantie dans la provenance, la nature même du document, la signature qu'on y trouve, doivent inspirer une grande défiance. Nous citerons : 1° une lettre autographe signée, adressée à M^lle de Causans avant son mariage[1], qui figura en 1847 dans le *Bulletin* de M. Charavay, et dont nous ne connaissons pas le possesseur actuel ; 2° une lettre autographe signée, à M^me de Bombelles, vendue la même année, et que M. Feuillet a publiée, sans doute d'après la citation du catalogue[2] ; 3° une lettre autographe signée, également adressée à M^me de Bombelles, vendue 150 fr. à la vente Amant en 1855, et dont l'original appartient à M. de Limas. Cette lettre, qui porte la date du 15 juillet 1789, a été publiée pour la première fois dans notre *Étude sur Madame Élisabeth ;* elle a été reproduite par M. Feuillet de Conches et par M. de Beauchesne.

Nous ne nous porterions pas davantage garant de l'authen-

---

[1] Voir ci-dessus, p. 47.
[2] *Corresp.*, p. 87.

ticité d'une lettre autographe signée, à la duchesse de Duras, vendue 56 fr. en 1847 à la vente La Roche-Lacarelle, et que nous avons publiée en 1864 d'après une copie communiquée par M. Charavay[1] ; non plus que d'une lettre au duc de Polignac(?) en date du 29 juillet 1789, vendue 115 fr. à la vente de M. d'Hunolstein, en 1864[2] ; encore moins d'une lettre à la duchesse de Polignac (collection de M. Chambry) qui, dans une page pleine in-8, contient deux autographes signés de Madame Élisabeth et de la Reine, et où on remarque cette phrase que nous soulignons : « Vous savez si ma nièce vous aime, et *je n'ai pas besoin de vous dire tout ce que votre nom lui a fait dire de charmant*[3]. » L'écriture de Madame Élisabeth est ici fine et serrée, comme dans les doubles autographes du 30 décembre 1790 et du 6 avril 1792, que nous avons eus sous les yeux[4].

De tout ceci il résulte pour nous, avec la plus grande évidence :

1° Que quatorze des lettres de Madame Elisabeth qui ont paru dans les ventes depuis 1844, — savoir : deux lettres autographes signées en 1844 (18 avril 1792 et 22 décembre 1790); une lettre autographe signée en 1845 (28 janvier 1791); une lettre autographe en 1853 (4 octobre 1791); une lettre autographe signée en 1854 (23 juillet 1791); deux lettres, l'une autographe signée, l'autre seulement autographe, en 1855 (30 décembre 1790, 17 janvier 1791); trois lettres, dont deux autographes et une autographe signée, en 1856 (24 février, 19 avril et 4 août 1791); trois lettres autographes en 1858 (2 mars, 18 mars 1791 et 8 juillet 1792); une lettre autographe signée en 1862 (29 juin 1791), — sont des lettres fabriquées, non il est vrai quant au fond, emprunté aux lettres connues et authentiques, mais quant à la forme;

2° Que les *originaux* « moins développés » qu'on peut rencontrer, doivent être également apocryphes;

---

[1] *Étude*, p, 62.

[2] N° 226 du *Catalogue*, où on lit cette citation : Elle rend grâce à Dieu d'apprendre qu'il est sauvé. « Dieu a eu ses desseins sur vous. Priés le et lui rendés des actions de grace ; implorés le pour ceux que sa main a frappé. Ma sœur (la Reine) est la femme forte, et mon frère compte sur Dieu et sur son cœur... »

[3] *Idem*, p. 64.

[4] Voir plus haut, pp. 48 et 52.

3° Qu'il ne faut admettre qu'avec la plus grande circonspection l'authenticité de lettres de Madame Elisabeth provenant de collections autres que les archives privées des familles de Bombelles, de Raigecourt, de Causans, etc.;

4° Que *toutes* les lettres *signées* de Madame Élisabeth, adressées à ses correspondantes ordinaires, postérieurement à 1789, doivent être tenues pour suspectes.


## VII.

Il nous reste à examiner l'état de la question, quant aux découvertes qui seraient encore à faire, et aux lettres inédites dont pourrait s'enrichir le recueil de deux cent trente-huit lettres qui a fait l'objet de notre examen dans le présent travail.

Il est des archives de famille qui, pour être moins riches que celles des Bombelles et des Raigecourt, n'en contiennent pas moins des documents fort précieux. Nous citerons en particulier les archives de la famille des Montiers. M^me la marquise des Montiers était, on le sait, une des dames de la princesse, et le surnom de *Démon* que celle-ci lui avait donné revient souvent dans la correspondance. On n'avait pas encore publié de lettres de Madame Élisabeth à M^me des Montiers. C'est à M. de Beauchesne que nous devons la publication de quelques-unes de ces lettres, qui avaient été mises à sa disposition par M. le comte Stanislas des Montiers [1]. La nature confidentielle de ces documents avait inspiré jusqu'ici à la famille une réserve dont elle ne s'est pas complétement départie. Six lettres seulement ont été données *in extenso* à la suite du livre de M. de Beauchesne [2]; deux autres sont citées ou indiquées dans le corps de l'ouvrage. Ce qui reste de cette correspondance est d'ailleurs peu considérable : neuf lettres à M^me la marquise des Montiers [3]; une à M^me la vicomtesse de Mérinville, sa belle-

---

[1] M. le comte des Montiers est mort en 1862, et ses lettres sont maintenant entre les mains de son fils, M. le marquis des Montiers-Mérinville.

[2] T. II, pp. 417, 420, 428, 447, 452 et 459. — Lettres des 29 août et 6 novembre 1790, 11 février, 30 août et 20 octobre 1791, 17 janvier 1792.

[3] Outre les six que nous venons d'indiquer, il y en a une du 6 novembre 1790, complétement inédite, et deux des 7 avril et 2 juin 1791, qu'a citées M. de Beauchesne, t. I, p. 357 et 363.

mère [1]; une à M^me la comtesse Pauline des Montiers, sa belle-sœur [2], voilà tout ce qui se trouve actuellement en la possession de M. le marquis des Montiers.

M. de Beauchesne a publié également trois lettres inédites à M^me de Bombelles, l'une en date du 8 février 1788, les deux autres sans date, mais qui appartiennent aux années 1788 ou 1789 [3]. Il n'en indique pas la provenance.

Indépendamment de quelques apostilles et de simples billets officiels ou d'affaires, qui ont paru dans les ventes et auxquels nous n'avons pas à nous arrêter [4], il existe une lettre de deux pages in-12, signée ÉLISABETH, qui faisait partie de la collection de feu Lucas de Montigny, et qui a été acquise en 1860 par M. Clément, marchand d'estampes, moyennant 135 fr. Nous ne connaissons de cette lettre, restée jusqu'à ce jour inédite, et qui était probablement adressée à M^me de Bombelles, que l'extrait suivant, que nous reproduisons *textuellement* d'après le catalogue de vente :

« Vilaine menteuse que vous êtes, je vous abort extrément: quelle idée de prendre médecine le jour que la semaine finisse. Faites donnés des coups de bâtons à M. Guets, car je suis persuader que tu ne t'en souvient pas du tout. Imagine-toi que je suis à Saint-Hubert, et que je pars à cinq heures. On ne te permettrait pas de sortir à quatre heures...... »

Ce n'est pas, d'ailleurs, dans les ventes qu'il faut chercher, non les lettres authentiques, — nous ne nions pas cependant qu'il s'en puisse trouver, — mais les lettres vraiment intéressantes de Madame Elisabeth. Il faut pour cela s'adresser à des collections particulières. En existe-il qui puissent nous ouvrir leurs trésors? Où y a-t-il chance de trouver de nouvelles lettres? Quelles sont celles qu'il faut regarder définitivement comme perdues? celles qui ont été ou qui peuvent avoir été conservées? Avant de terminer cette trop longue étude, nous devons tâcher de résoudre ces questions.

Madame Élisabeth entretenait, on le sait, une correspondance assez assidue avec l'abbé de Lubersac, aumônier de

[1] 23 septembre 1786. — Inédite.
[2] 29 septembre 1786. — Également inédite.
[3] T. II, pp. 393, 395 et 396.
[4] Voir notre *Étude sur Madame Élisabeth*, p. 45 et suiv., n^os 1, 2, 3, 4, 6. 8 et 12.

Mme Victoire, dont onze lettres nous ont été conservées par M. Ferrand. Les originaux de ces lettres n'ont pas été retrouvés par la famille[1].

Il est une autre correspondance fort précieuse, c'est celle échangée depuis 1791 avec l'abbé Edgeworth de Firmont, et qui se prolongea jusque pendant la captivité de Madame Élisabeth. Ces lettres, que le fidèle Turgy se chargeait de transmettre[2], arrivaient au confesseur de la princesse, — c'est lui qui nous l'apprend, — dans des pelotons de soie. « Toutes nos mesures étaient si bien prises, ajoute-t-il, que, malgré tous les soupçons, cette correspondance ne fut jamais découverte[3]. » Elle a malheureusement été détruite pendant la période révolutionnaire, et l'on ne peut que s'associer du fond du cœur aux regrets qu'inspire à l'abbé de Firmont la perte de « ces dernières pages, baignées des larmes de Madame Élisabeth, et qui peignaient sous de si vives couleurs sa résignation et son courage. »

Une correspondance d'un autre genre, dont la perte est également irréparable, est celle que Madame Élisabeth entretint avec le marquis de Causans, frère de Marie de Causans et de la marquise de Raigecourt, qui était' député aux États généraux. « Mon père, » a écrit à ce sujet M. le vicomte de Causans, « me disait de cette suite de lettres si importante et si précieuse, qu'il était impossible de se figurer l'énergie et la perspicacité que déployait la princesse[4]. » La collection de ces lettres avait été confiée par le marquis de Causans, à son départ pour l'émigration, à un certain M. Collin, homme d'affaires à Paris, lequel, par crainte de la guillotine, jeta au feu tous ces papiers[5].

Madame Élisabeth était en relations épistolaires avec la comtesse Diane de Polignac, sa dame d'honneur, qui avait quitté

---

[1] *Correspondance de Madame Élisabeth*, introd., p. 2.

[2] « Le matin, cette princesse m'avait remis un billet cacheté pour M. l'abbé Edgeworth de Firmont, et je m'étais empressé de le porter chez Madame la Duchesse de Sérent. Son Altesse Royale ne cachetait que les billets pour ce vénérable ecclésiastique, son confesseur. » *Fragments historiques sur le Temple*, à la suite des *Mémoires historiques* d'Eckard, p. 367.

[3] Lettre à son frère, en date du 1er septembre 1796, dans ses *Mémoires*, publiés en octobre 1815, p. 127.

[4] Note communiquée à M. Feuillet de Conches, *Correspondance*, p. 8, note.

[5] *Idem.*

la France dès le commencement de 1790 [1]. Bien que ces lettres ne doivent pas offrir le même intérêt que celles à M^mes de Bombelles et de Raigecourt, il serait intéressant de les posséder. On peut en dire autant des lettres aux dames de Saint-Cyr [2], à M^me des Essarts [3] et à sa mère M^me de Tilly [4], à M^me de Lastic [5], à la vicomtesse d'Aumale [6], et à d'autres personnes [7].

Madame Élisabeth entretint également des relations épistolaires avec sa sœur M^me Clotilde, avec ses frères, le comte d'Artois surtout [8], pour lequel elle avait une tendresse si vigilante; elle dut écrire à ses tantes, qui, on le sait, quittèrent la France en février 1791 [9]. Les lettres à M^me Clotilde sont sans doute conservées dans les archives de la maison de Savoie. Quant aux autres, ont-elles été détruites, ou bien reste-t-il quelque espoir d'en retrouver qui aient échappé au naufrage, comme les deux lettres au comte d'Artois, communiquées à M. Feuillet par M. le vicomte de Fontenay? L'avenir nous l'apprendra.

[1] 18 octobre 1790. « Dis-moi donc, ma Bombelinette, est-ce que tu n'as pas reçu deux lettres que je t'ai adressées pour la comtesse D....? Elle me mande n'avoir pas eu de mes nouvelles depuis cinq mois, et je suis bien sûre de lui avoir écrit (p. 195). » — 28 novembre 1790 : « Dis à la comtesse D.... que je lui répondrai la première poste, n'ayant pas le temps celle-ci... » (p. 210). 2 décembre : « Dites à la comtesse D...., en cas que cette lettre arrive avant celle que je lui écrirai lundi..... » (p. 214; voir aussi p. 215).

[2] 8 décembre 1789 : « Et ce pauvre Saint-Cyr, ah! il est bien malheureux! J'ai reçu hier une lettre charmante de Draquelonde. Je leur parlerai de toi demain, car je compte y écrire (p. 134-35). » — 6 octobre 1791 : « Quant à Saint-Cyr, je n'ose pas y aller.... Cependant j'ai écrit à Ligondès, pour la prier de me marquer du moment qu'elle croira que je pourrai avoir ce plaisir (p. 350-51). »

[3] Voir les lettres des 30 novembre et 9 décembre 1791, p, 369 et suiv.

[4] Voir les lettres des 25 décembre 1791 et 29 février 1792, pp. 378 et 397. M^me de Tilly avait quitté la princesse en mai 1791. M^me de Lastic partit aussi en mai 1791, mais elle revint à la fin d'octobre (voir pp. 276 et 357).

[5] 4 juin 1791 : « J'ai compté l'autre jour combien j'avais de lettres à écrire aux gens absents que je connais. J'en ai plus de dix-huit (p. 286). » — 23 juillet 1791 : « J'ai à présent hors du royaume tant de gens qui m'intéressent, que cela fait horreur à penser et m'emporte beaucoup de temps... Adieu, je te quitte; car j'ai bien des lettres à écrire, pour me mettre au courant (p. 313-1^). » — 7 août 1791 : « Remets ce petit mot à celle qui a si peur de moi (p. 321). »

[6] Voir *Corresp.*, p. 382.

[7] Notons en particulier M^me la marquise de Toustain, qui avait été élevée par les soins de la princesse, et qui s'est fait inhumer avec le coffret contenant les lettres de M^me Elisabeth.

[8] Voir *Correspondance*, pp. 227, 232, 428 et suiv.

[9] Voir *Correspondance*, pp. 427 et 435.

Mais il est un trésor, plus précieux peut-être, qu'il importerait fort de découvrir, parce qu'il nous offrirait des documents de la première jeunesse de la princesse. L'existence de lettres à M^me de Bombelles, en date des années 1778 et suivantes, est bien et dûment constatée. On a deux lettres de 1778 [1] et de 1779, qui ont été publiées pour la première fois dans l'édition du comte Ferrand de 1861. En 1780, la marquise de Bombelles était à Ratisbonne, où elle accoucha de son premier enfant le 1^er juillet ; elle revint en France à la fin de l'année ; mais sa correspondance avec son mari, qui fait partie des *Papiers Bombelles*, conservés aux archives de Seine-et-Oise, et dont M. de Beauchesne a donné des fragments dans sa *Vie de Madame Élisabeth*, nous fournit la preuve que l'échange de lettres se poursuivit entre la princesse et son amie :

« En arrivant ici (à Viarmes), écrit M^me de Bombelles à la date du 27 août 1781, j'ai trouvé une lettre charmante de Madame Élisabeth...... Le surlendemain, j'en ai reçu une autre, qui était une réponse à celle que je lui avais écrite. Elle me mande qu'elle l'avait reçue à la comédie, et que, comme elle avait été longtemps à la lire, la Reine lui avait demandé avec le plus grand intérêt s'il ne m'était arrivé aucun accident, et qu'elle lui avait répondu qu'elle était trop bonne, que je me portais fort bien. « J'ai été bien fâchée, m'ajoute-
« t-elle, que ceci se soit passé à la comédie ; car sans cela le moment
« eût été bien favorable pour lui rappeler notre affaire ; mais tu
« peux être sûre que la première occasion où je le pourrai, je ne
« l'échapperai pas [2]. »

Dans une autre lettre, en date du 5 novembre 1781, M^me de Bombelles envoie à son mari une lettre de la princesse [3], au sujet d'une demande adressée à M. de Vergennes en faveur du marquis de Bombelles [4]. On voit par la lettre du 7 novembre que Madame Elisabeth avait écrit deux lettres à M^me de Travanet, belle-sœur de la marquise de Bombelles [5]. Le 21 novembre, un billet de la princesse est joint à une lettre à M. de

---

[1] M^me de Bombelles écrivait à son mari le 23 mai 1778 : « Notre princesse se porte fort bien. Elle nous a écrit à toutes des lettres charmantes, m'a témoigné beaucoup d'amitié lorsqu'elle est venue ici. » *Papiers Bombelles*, aux archives de la préfecture, à Versailles, E, 430.

[2] *Vie de Madame Elisabeth*, par M. de Beauchesne, t. I, p. 153.

[3] M. de Beauchesne renvoie pour cette lettre au tome II de son livre. Nous l'y avons cherchée en vain. On la trouvera plus loin.

[4] T. I, p. 175.

[5] T. I, p. 176.

Bombelles, en même temps qu'un journal des opérations du corps.français en Amérique, envoyé par elle [1]. Le 25 novembre 1781, Mme de Bombelles se rendit à Chantilly, où elle resta jusqu'au 17 décembre : « J'ai reçu pendant mon séjour ici, écrit-elle le 15 décembre, des lettres charmantes de Madame Élisabeth [2]. » En 1786, la marquise de Bombelles partit pour le Portugal, où son mari était ambassadeur, et elle y demeura jusqu'au commencement de 1789. Nous n'avons qu'une lettre de 1786 et trois seulement de 1787 [3]. La correspondance de ces années nous manque donc presque tout entière.

Que sont devenues ces « charmantes lettres » dont parlait Mme de Bombelles, et toute cette correspondance échangée par la princesse avec son amie pendant son séjour à Ratisbonne en 1780, pendant l'ambassade de Portugal, de 1786 à 1789 ? Retrouvées un moment sous la Restauration, et remises alors à Madame la Dauphine, elles sont aujourd'hui de nouveau perdues. La chose vaut la peine qu'on s'y arrête : c'est en précisant bien toutes les circonstances, et en donnant aux faits la plus grande publicité, qu'on peut espérer d'arriver un jour à d'heureux résultats.

Dans l'édition de l'*Éloge* du comte Ferrand publiée en 1861, on lisait la note suivante, au bas d'une des lettres inédites à Mme de Bombelles :

« Les autographes de ces deux lettres sont entre les mains de M. le comte de Blosseville, qui les a, pour ainsi dire, reçus de la main de Madame la Dauphine; voici dans quelles circonstances : M. de Blosseville, membre de la Chambre des députés sous la Restauration, chargé d'un rapport administratif sur le fonds commun de l'indemnité des émigrés dans le département de Seine-et-Oise, eut à dépouiller une masse de papiers que la barbare ignorance des révolutionnaires avait ensevelis sans aucun ordre dans les archives du département. Il eut le bonheur d'y retrouver près de soixante lettres de Madame Élisabeth. Elles furent aussitôt remises à Madame la Dauphine, qui voulut que ces deux lettres et la suivante, qui sont en possession de M. de Blosseville, fussent la part de celui qui les avait découvertes. Que sont devenues les autres au milieu des nouveaux orages que la révolution de 1830 a attirés sur la France ?

[1] T. I, p. 178-79.
[2] T. I, pp. 182 et 185.
[3] M. Feuillet, qui publie l'une de ces lettres, celle du 25 juin, place à tort la mort de Sophie de France au 9 juin. Elle eut lieu le 19, à 3 heures 10 minutes du soir.

Nous l'ignorons. La seule chose que nous sachions, c'est que Mgr le comte de Chambord ne les a pas en sa possession[1]. »

Notre attention avait été naturellement éveillée par cette note, et d'actives investigations furent dirigées par nous, dès le commencement de 1863, à la Bibliothèque du Louvre et aux archives de l'Empire, dans les cartons provenant des archives de la couronne. Nous nous adressâmes à M. Barry, vieillard de plus de 80 ans, qui avait été le chef du secrétariat des archives de la couronne. Après nous être assuré que Monseigneur le comte de Chambord ne possédait pas le précieux dépôt remis en 1830 entre les mains de Madame la Dauphine, nous voulûmes avoir la certitude que ces lettres ne se trouvaient pas dans les archives de la famille d'Orléans. Monseigneur le duc de Nemours voulut bien répondre en ces termes à la demande qui lui fut adressée à ce sujet par M. Bocher : « Je n'ai jamais eu connaissance de lettres de Madame Élisabeth ; mais je puis assurer que dans ce qu'il reste de papiers venant du Roi et de la Reine, dont je viens de faire dernièrement la révision complète, il n'y en a aucune. J'ajouterai que je suis comme vous convaincu que jamais ces correspondances ne se sont trouvées dans les mains de notre famille. »

Pendant le cours de nos recherches, demeurées malheureusement infructueuses, les quatre premiers volumes du recueil de M. Feuillet de Conches parurent successivement. Nous y cherchâmes en vain les lettres à M$^{me}$ de Bombelles, signalées par M. de Blosseville. Dans son troisième volume, M. Feuillet reproduisait purement et simplement les deux lettres données en 1861 par les nouveaux éditeurs de l'*Éloge* du comte Ferrand, en indiquant qu'elles appartenaient à M. le comte de Blosseville, ancien député sous la Restauration[2]. Quant aux lettres communiquées à l'éditeur par M. le marquis de Castéja, elles n'avaient rien de commun avec celles retrouvées en 1830, et qui appartenaient, on l'a vu, à une époque antérieure.

Dans l'introduction du volume de correspondance publiée au commencement de 1868, M. Feuillet fournit quelques renseignements nouveaux sur la question qui nous occupe. Il

[1] 2ᵉ édition, p. 309, note.
[2] T. III, p. 25 et 35.

publie la lettre suivante de M. de Blosseville, qui complète les renseignements donnés dans la note de 1861, et que nous devons reproduire *in extenso* :

« Anfreville-la-Campagne (Eure), 12 avril 1866.

« MONSIEUR,

« Les lettres de Madame Élisabeth que vous avez révélées dans votre précieuse publication méritaient et ont excité un intérêt universel. Ce sentiment, dont j'ai ma bonne part, s'est mêlé pour moi un attrait tout particulier de curiosité. Vous me pardonnerez, j'en suis bien sûr, de vous l'exposer. Il s'agit uniquement des lettres adressées à M^me de Bombelles.

« A Versailles, au printemps de 1830, j'avais été chargé, comme rapporteur d'un certain nombre d'affaires d'indemnité d'émigrés, de clore ce travail par le double tableau des réserves sur le fonds commun et des pièces étrangères aux archives qu'il conviendrait de restituer aux familles. J'étais alors conseiller de préfecture.

« Ce résumé terminé, l'archiviste me fit remarquer qu'il existait, dans un coin obscur, sept ou huit sacs à blé très-gonflés, et portant pour étiquette : *papiers d'émigrés*. Nous les ouvrîmes, et l'on chercha à mettre un peu d'ordre dans ce pêle-mêle. On avait évidemment vidé là, comme au hasard, de nombreux tiroirs de secrétaires. Il s'y rencontrait des ordonnances de médecins, des quittances, des mémoires, des cahiers d'écoliers, des billets de toute nature, des cachets, des bâtons de cire : que sais-je? Il y avait même quelques objets de toilette, des plumes d'autruche fort avariées, des titres de propriété, et jusqu'à deux ou trois testaments, qui furent envoyés au ministère de la justice.

« A travers ce chaos, j'eus la bonne fortune de tomber sur une liasse de lettres de Madame Élisabeth à M^me de Bombelles, et je m'empressai de les mettre sous les yeux de mon préfet ; c'était M. le baron Capelle, ministre quelques jours plus tard. Il partit aussitôt pour Saint-Cloud, et fit hommage de cette découverte à Madame la Dauphine.

« A son retour, il me dit que la princesse avait été fort émue et fort heureuse, ne possédant pas une seule ligne de l'écriture de sa tante. Dans son premier mouvement de satisfaction, elle avait détaché quelques lettres, les plus anciennes, de ce faisceau de soixante au moins (je n'avais trouvé le temps ni de les compter ni de les parcourir), et elle avait pris plaisir à faire ainsi sa part. M. Capelle voulut bien me dire que j'y avais plus de droit, et il voulut partager avec moi également [1].

---

[1] M. le marquis de Blosseville nous a fait l'honneur de nous écrire, à la date du 11 mai 1869, que les lettres étaient par ordre de dates, et que celles que rapporta M. le baron Capelle figuraient en tête de la correspondance. Le partage ayant été égal, il restait à retrouver les trois lettres échues à M. Capelle.

« Les trois lettres qui m'échurent ainsi ont été communiquées à M. le duc de Clermont-Tonnerre, et publiées en 1861, dans la réimpression qu'il a donnée de l'*Éloge historique de Madame Élisabeth* par le comte Ferrand, tuteur de madame la Duchesse. Dans une note, M. de Tonnerre indique mon père au lieu de moi comme auteur de la découverte. Cela ne fait rien à la chose.

« Mais M. le duc de Clermont-Tonnerre a cherché le reste de cette correspondance, et il s'est assuré que M. le comte de Chambord ne la possédait pas.

« Il n'est pas probable que ces lettres aient été détruites dans le sac des Tuileries. La princesse n'était pas rentrée à Paris : les lettres devaient donc être plutôt restées à Villeneuve-l'Étang.

« J'apprendrais avec bonheur qu'elles ont été sauvées et recueillies par des mains telles que les vôtres.

« J'espère que vous ne trouverez pas ma curiosité indiscrète, et je vous prie d'agréer, etc.

« MARQUIS DE BLOSSEVILLE,
« Ancien député. »

M. le marquis de Blosseville adressait ici en quelque sorte un appel à M. Feuillet de Conches. Mais cet appel n'a point été entendu : M. Feuillet n'avait sans doute rien à nous apprendre sur le sort de cette précieuse liasse d'environ soixante lettres, car il garde à cet égard un silence complet. Toujours est-il que ces lettres existent, qu'elles n'ont pas dû être détruites, et qu'il est permis d'espérer qu'un jour ou l'autre elles pourront être arrachées à l'oubli.

En attendant que cette *trouvaille* vienne enrichir le lot déjà considérable des lettres de Madame Élisabeth, nous en donnerons ici, en quelque sorte, la primeur, en publiant trois billets ou lettres recueillis dans les *Papiers Bombelles*.

Voici d'abord un billet, en date du 12 janvier 1778, que nous trouvons transcrit dans une lettre de Mᵐᵉ de Bombelles à son mari, du 12-13 janvier 1778 :

« La Reine a dit qu'il fallait que tu prisses le deuil[1]. Elle m'a dit, avec toute sorte de grâce, qu'elle en avait fait la politesse à Madame; qu'elle lui avait dit que tu ne voulais point prendre le deuil, de peur que cela lui déplaise, et que Madame avait dit qu'il fallait que

---

Malheureusement, une lettre de Mᵐᵉ la baronne Capelle, belle-fille du ministre, nous apprend qu'elles ne se trouvent pas entre les mains de la famille, et qu'elles ont dû subir le sort de beaucoup de papiers et d'objets précieux appartenant à M. Capelle, qui ont disparu lors des journées de Juillet 1830.

[1] Du landgrave de Hesse-Rheinfelds, qui avait épousé Henriette-Victoire de Bombelles.

tu le prennes. Je reçois ton billet. Tâche de savoir si tu peux aller
au bal. Je suis bien fâchée que tu aies mal à la tête. Si tu peux, tu
viendras déjeuner demain. J'ai bien remercié la Reine, et je lui ai
dit que tu serais bien sensible à ses bontés. Je t'embrasse mille
et mille fois [1]. »

Dans une lettre du 25 avril 1778, Mme de Bombelles racon-
tait à son mari que madame Élisabeth l'avait chargée de pré-
venir le comte d'Esterhazy qu'on lui proposait la place de
premier écuyer de la princesse, et que celle-ci ne lui pardonnerait de sa vie s'il la refusait. Madame Élisabeth, prenant la
plume, ajouta, au-dessus de ces lignes, les mots suivants :
« Angélique n'a jamais rien dit au monde d'aussi vrai ; cela
aurait fait le bonheur de ma vie [2]. »

Le billet suivant est sans date. Il doit être de l'année 1785,
avant la nomination de M. de Bombelles à l'ambassade de
Portugal. Nous l'avons retrouvé, égaré parmi une liasse de
lettres sans signature. On n'avait assurément pas soupçonné,
en classant ces papiers, quel en pouvait être l'auteur :

« M. de Vergenne a dit à la comtesse que c'était une demande
bien forte que Portugal, que M. de B. était bien vif. Elle a répondu
comme un ange, et à la fin a été assez contente. Enfin, je crois
qu'elle en a véritablement envie. Elle m'a dit qu'il serait bien fait
que j'en parle à la Reine, ce que je ferai. Fais-moi dire de tes
nouvelles, si tu souffres encore. Adieu, ne sors pas ; je t'embrasse et
Causans aussi [3]. »

Voici maintenant la lettre qui a été omise dans le second
volume de la *Vie de Madame Élisabeth*, par M. de Beauchesne,
et qui est jointe à une lettre de Mme de Bombelles à son mari,
datée de Versailles, le 5 novembre 1781. « Je lui ai écrit (à la
princesse) avant-hier, écrit Mme de Bombelles, pour la prier
de parler à M. de Vergennes. Tu verras par sa lettre que je
t'envoie ce qu'elle a dit et ce qu'il a répondu. »

« La petite baronne t'aura dit, mon cher cœur, que j'avais vu
M. de Vergenne. J'en suis fort contente. Il m'a paru revenu des
mauvaises impressions qu'il avait contre M. de Bonbelle *(sic)* ; car
dès que je lui ai dit que je voudrais que le Roi se chargeât des dettes
de M. de Bonbelle, il m'a dit qu'il était impossible de les payer

___

[1] Archives de Seine-et-Oise, E, 430.
[2] *Id.*, E, 435.
[3] Demie-feuille in-4° pliée en deux. Écrit dans le sens de la longueur. Carton,
E, 447.

toutes à présent, mais qu'il comptait lui donner une gratification dont il serait content, et qu'on les payerait comme cela. Je lui ai dit combien je désirais que cela soit, parce que si M. de Bonbelle mourait tu serais très-malheureuse. Il m'a dit que le Roi, dans ces cas là, faisait des grâces. Enfin, il m'a paru si bien disposé que je crois qu'il faut le laisser faire, et ne point lui demander que le Roi promette de les payer, parce que peut-être que comme cela la demande paraît trop forte. Et puis je crois qu'il vous donnera plus de dix mille francs. Tu me diras que si le ministre venait à changer, cela dérangerait tout votre plan. Je réponds à cela que je me charge de lui faire donner, et que comme c'est très-juste, il ne me le refusera pas. Je crois qu'il faut que tu lui écrives une belle lettre où tu lui exposes tout ce qu'il sait déjà. Enfin, mon cœur, M. de Bonbelle a une fort bonne santé, et, malgré sa colique venteuse et M^me de Serant *(sic)*, il ne mourra pas de sitôt. Ainsi M. de Vergenne aura le temps de lui payer ses dettes. De plus, si l'année prochaine il n'était pas si bien disposé, on le persécuterait beaucoup, et comme la demande sera moins forte, il ne pourra pas faire autant de difficultés. Pourtant, si tu lui as déjà parlé de la promesse, tu feras bien de continuer. Enfin tu feras tout ce que tu voudras.

« Comment va Bonbon ce soir? A-t-il encore la fièvre? Je vais voir les illuminations qui sont superbes. La comtesse Jules n'est pas trop polie, car j'ai fait proposer à M^me de Guiche et à M^me de Polastront *(sic)* de venir ; mais elle n'a pas voulu. Elle m'a dit qu'elle devait aller chez la Reine ; mais elle est assez bien avec elle pour lui demander d'aller voir les illuminations. C'est la seconde fois qu'elle me refuse. Aussi je ne leur proposerai jamais de venir avec moi. Adieu, mon cœur. Je vous embrasse mille et mille fois de tout mon cœur. Je voudrais bien que ces six semaines soient passées. Elles ressemblent à un R *(sic)* [1]. »

Nous avons voulu, dans cette trop longue étude, indiquer ce qu'on avait fait, par la publication de toutes ces correspondances, pour la mémoire de Madame Elisabeth. En rendant un hommage sincère et mérité aux bonnes intentions et parfois au zèle intelligent des éditeurs des lettres, nous avons dû faire de sérieuses restrictions. Nous avons montré ce que, soit en usant d'une liberté trop grande, soit en faisant preuve de scrupules exagérés, soit par diverses autres causes, les éditeurs successifs ont laissé subsister de lacunes, d'erreurs ou d'imperfections dans la reproduction de ces précieux textes. Nous n'avons pas cru qu'on pût nous accuser de poursuivre trop loin

---

[1] En surcharge au bas des quatre pages in-12 de la lettre. La princesse n'avait pas assez de place pour achever le mot.—Archives de la préfecture à Versailles, E. 432.

ce minutieux examen : de telles lettres sont tout ensemble des monuments littéraires pleins d'intérêt, de précieux documents historiques, et d'admirables témoignages de vertu et de sainteté. Heureux serions-nous si, en faisant ressortir la part de chacun dans ce travail de restitution, nous pouvions préparer des progrès nouveaux, et si la constatation de ce qui est désormais acquis à l'histoire, grâce à la pieuse et intelligente coopération des possesseurs de lettres de la princesse, mettait sur la voie de découvertes venant augmenter le trésor incomparable dont le public est maintenant en possession !

Le Mans. — Impr. Ed. Monnoyer. — Juillet 1869.